对向犯论纲

蔡淮涛 ◎ 著

郑州大学出版社

图书在版编目(CIP)数据

对向犯论纲 / 蔡淮涛著. -- 郑州：郑州大学出版社，2024.11
ISBN 978-7-5773-0374-1

Ⅰ.①对… Ⅱ.①蔡… Ⅲ.①犯罪学-研究 Ⅳ.①D917

中国国家版本馆 CIP 数据核字(2024)第 102171 号

对向犯论纲

DUIXIANGFAN LUN GANG

策划编辑	刘　开	封面设计	王　微
责任编辑	宋妍妍	版式设计	苏永生
责任校对	郜　毅	责任监制	朱亚君

出版发行	郑州大学出版社	地　　址	郑州市大学路40号(450052)
出版人	卢纪富	网　　址	http://www.zzup.cn
经　销	全国新华书店	发行电话	0371-66966070
印　刷	郑州宁昌印务有限公司		
开　本	710 mm×1 010 mm　1 / 16		
印　张	9.25	字　数	194千字
版　次	2024年11月第1版	印　次	2024年11月第1次印刷
书　号	ISBN 978-7-5773-0374-1	定　价	49.00元

本书如有印装质量问题，请与本社联系调换。

前 言

尽管对向犯概念的提出已有一百多年的历史,但我国关于对向犯研究的理论基础还很薄弱,很多问题远未达成共识,也还有很多有待深挖的原生地,理论研究上的缺失,直接导致许多司法实践中处理对向犯问题的困惑。为此,本书对对向犯的基础理论进行体系性的探讨,回应对向犯司法适用上的难题,无疑具有重要的理论和实践意义。本书由笔者博士论文整理、修改而成,除导论外,分上下两篇,各部分的主要内容如下:

导论部分,笔者分别对问题意识、研究动机、研究范围和研究方法进行了阐述。笔者就本书的研究,主要采用了比较研究方法、归纳研究方法、理论思辨和社会学实证研究方法、辩证的方法。

第一章,笔者主要对必要共犯理论进行了梳理和再思考,因为要廓清对向犯的全貌,必须对其上位概念——必要共犯进行溯源性研究。笔者首先梳理了必要共犯的理论发展历程,接着对必要共犯的概念进行了澄清并对必要共犯的"必要性"进行了解读,最后在介绍国外学者和我国学者对必要共犯分类理论的基础上提出了笔者关于必要共犯类型的主张。

第二章,笔者对对向犯形成结构的理论构筑问题进行了研究。第一节,笔者首先就行为主体所具有的特殊品格进行分析,然后就主体间对向关系的具体展现进行详尽的探讨。对对向犯主体间的对向关系进行了分析,指出对向犯的行为主体兼具双重功能角色是对向犯成立的核心基础。第二节,笔者在重新阐释行为概念的基础上,对对向犯的行为结构进行了再架构。

第三章的主要内容是对对向犯的内涵、类型和构成特征的研究。在对对向犯形成结构构筑的基础上,笔者提出应把对向犯的内涵界定为:以兼具行为主体和行为客体双重功能角色的复数主体的参与实施为必要条件的共犯形态。就对向犯的类型问题,笔者首先介绍了基于不同分类标准而做的对向犯类型划分,在此基础上,笔者主张根据行为形式的差别,把对向犯分为行为形式一致和行为形式不一致两种基本类型。就对向犯的构成特征,笔者提倡"新四特征说",即主张对向犯的构成特征为:两个以上的行为主体;行为主体间具有对向关系;行为形成交错合致;内生的评价非难关系。然后分别就行为形式一致和行为形式不一致的对向犯的构成特征进行具体的说明。

第四章是对向犯与其他复数参与正犯类型的比较。笔者先就间接正犯的结构进行解析,然后从不同的角度对间接正犯与对向犯的区别进行论证。接着笔者先分析了共同正犯的形成结构,然后具体探讨了共同正犯与对向犯的区别,并对刑法上所谓的连累犯与对向犯的差异进行了比较详细的探讨。

第五章,笔者回归对向犯的司法适用,就片面对向犯不可罚的问题,在对片面对向犯不可罚的法理进行分析比较的基础上提出"综合考量说",并从共犯的处罚根据、法益侵害、期待可能性、刑法的谦抑性、刑法体系解释等多维度进行了论证。

第六章,笔者首先就对向犯中介行为的性质认定与处罚提出了自己的看法,重点分析了介绍贿赂罪这种法定成罪的中介行为;其次,就对向犯的自首与立功的一些疑难问题进行了一些有益的探索;最后,就对向犯的罪名同一化的争议提出了自己的主张。

编　者
2024 年 3 月 28 日

目 录

导论 ·· 1
  第一节　问题意识 ······························ 1
  第二节　研究动机 ······························ 5
  第三节　研究范围 ······························ 8
  第四节　研究方法 ······························ 9

上篇　对向犯基础论

第一章　对向犯的理论溯源——必要共犯理论的梳理 ·· 15
  第一节　必要共犯理论的源流与嬗变 ············ 15
  第二节　必要共犯概念与我国共犯体系的内洽 ·· 26
  第三节　"必要性"的再解读 ···················· 35
  第四节　必要共犯类型的再省察 ················ 37

第二章　对向犯行为主体和行为结构的特殊品性 ·· 42
  第一节　功能性双重角色的行为主体 ············ 43
  第二节　对向犯行为结构的检视 ················ 51

第三章　对向犯的内涵、类型和构成特征 ······ 65
  第一节　对向犯的内涵 ························ 65
  第二节　对向犯的类型 ························ 70
  第三节　对向犯的构成特征 ···················· 73

下篇　对向犯适用论

第四章　对向犯与相关犯罪形态的界分 …………………… 85
　第一节　对向犯与间接正犯的界分 …………………… 86
　第二节　对向犯与共同正犯的界分 …………………… 96
　第三节　对向犯与连累犯的界分 ……………………… 102

第五章　片面对向犯的若干问题 ……………………………… 106
　第一节　片面对向犯的概念和构成特征 ……………… 106
　第二节　片面对向犯不可罚性的法理分析 …………… 109
　第三节　多维度的综合考量说之论证 ………………… 113

第六章　对向犯司法适用中的几个疑难问题 ……………… 123
　第一节　对向犯的中介行为 …………………………… 123
　第二节　对向犯的自首与立功 ………………………… 129
　第三节　对向犯的罪名问题 …………………………… 133

参考文献 ……………………………………………………… 136

导 论

第一节 问题意识

共犯论中处处充满难啃的理论酸果,理论和实践上的难点俯拾皆是,难怪德国有学者曾感慨:"共犯理论为德国刑法学中最黑暗且最混乱的一章。"①日本刑法学者中义胜教授更是把共犯理论称为刑法学上的"绝望之章"。刑法理论上,通常把共犯再区分为任意共犯和必要共犯两种。所谓任意共犯是指在构成要件上仅需一人的犯罪行为即为已足的犯罪类型;而在构成要件上需要两人以上的必要加工行为才足以成立犯罪的犯罪类型就是所谓的必要共犯。刑法上规定的绝大多数犯罪,在构成要件上仅仅只需一个人的犯罪行为就可完成构成要件,但也有一些犯罪从一开始就无法被单独地实施,刑法分则预设的犯罪构成要件必须有两人以上的共同加工行为始能完成。比如日本刑法规定的内乱罪和骚乱罪,如果没有众多人一同实施,暴动或者暴行、胁迫就不成立;如贿赂罪,如果没有受贿人和行贿人的共同加工合致行为也不成立。

根据日本著名刑法学家泷川幸辰教授的考证,从立法上看,必要共犯出现的时期要比任意共犯早,并且刑法理论上也一直把必要共犯归入共犯论的研究范畴。② 令人遗憾的是,学者们似乎对任意共犯理论研究的情有独钟,任意共犯理论的研究深度和广度都令人称道,相较之下,必要共犯理论研究并没有引起应有的重

---

① 参见[德]克劳斯·罗克辛:《刑事政策与刑法体系》(第二版)(中译本),蔡桂生译,中国人民大学出版社2011年版,第14页脚注25。
② 参见[日]泷川幸辰:《犯罪论序说》,王泰译,法律出版社2005年版,第154页。

视，鲜有学者问津。正因为如此，我国台湾有学者把必要共犯称为刑法释义学上的"继儿"。① 德、日刑法理论一般认为，在必要共犯概念底下可以再分成两种类型：多众犯和对向犯。德日刑法上所称的多众犯（也称众合犯、聚合犯、集团犯），一般是指以多数人实施向着同一目标的共同加工行为为成立条件的犯罪，例如，日本学者认为《日本刑法典》第106条规定的"多众聚集实施暴行或者胁迫的是骚乱罪"就是典型的多众犯。由于在多众犯中，各个参与者所实施的行为样态、程度等不尽相同，因而，法律一般对不同的参与者规定不同的法定刑；对向犯是指以两人以上的行为相互以存在对方的行为为要件的犯罪，如重婚罪、赌博罪。② 德、日刑法学上对多众犯与对向犯的研究较为深入和系统。在德国，从学者斯蒂贝尔（Stübel）1805年最先提出必要共犯概念算起，必要共犯的理论发展已有二百余年的历史，对向犯的研究，从学者弗罗伊登塔尔（Freudenthal）于1901年最早对必要共犯进行类型化区分，把必要共犯再区分成聚众犯与对向犯两种类型开始算起的话，对向犯的理论发展也已有一百多年的历史了。德国刑法理论上，"如果我们从必要共犯的理论发展史来看，可以发现一件事，亦即必要共犯的起源事实上系源自于对向犯的概念。在必要共犯的理论领域里面，对向犯向来是文献探讨的重心所在"③。现在理论上的争议主要聚焦于对向犯是否具备可罚性的问题。换言之，对于那些刑法明文规定的对向合意相互加工的双方都予以处罚的对向犯双方，都应成立"正犯"而具备可罚性，在理论上没有争议，而对于那些在构成要件中仅仅明文规定处罚参与的一方，必要参与的另一方是否可罚在没有法律的明文规定时，是否可以依照刑法总则关于共犯的规定而具有可罚性，则具有相当大的争议。

例如，《德国刑法》第239条规定的通奸罪，法律明文规定处罚通奸者与相奸者双方，但对于该法第121条规定的不违背职务受贿罪来讲，刑法只明文规定处罚受贿的一方，对于行贿方则缺乏明文规定。在此情况下，如果行贿方对受贿者予以教唆或帮助的话，对行贿者是适用刑法总则共犯的规定而以教唆犯或帮助犯处罚，还是基于某种理由而排除处罚，则难免产生歧义。对此，目前德国刑法理论通说和实务的通常见解是以"最低程度共同加工理论"为核心的，即如果必要共犯（对向犯）超越了作为构成要件的必要先决条件的"最低参与"，必要共犯（对向犯）实施教唆其他共犯实施犯罪行为，或以"超越角色的方式"对其予以支持的，则应当对必要共犯予以处罚。④ 但在德国，对此也并非没有质疑，主要的疑问点在

---

① 林书楷：《论犯罪之典型共同加工——必要共犯理论之研究》，（新北）辅仁大学博士论文，2005年，第5页。
② 参见张明楷：《外国刑法纲要》（第二版），清华大学出版社2007年版，第298页。
③ 林书楷：《论犯罪之典型共同加工——必要共犯理论之研究》，（新北）辅仁大学博士论文，2005年，第91页。
④ 参见[德]汉斯·海因里希·耶赛克，托马斯·魏根特：《德国刑法教科书》，徐久生译，中国法制出版社2001年版，第848页。

于:为什么必要参与者的行为如果没有逾越实现构成要件所必要之最低程度共同加工行为就可以不罚?值得注意的是,尽管如此,德国多数学说仍然承认"最低程度共同加工理论"可以作为必要共犯(对向犯)的不可罚基础。

日本刑法理论对对向犯似乎更钟情于对所谓的片面对向犯的不处罚根据问题的研究。就对向犯中缺乏明文处罚规定的共犯人的不处罚根据,日本刑法学界主要有这样几种代表性的观点:团藤重光教授提出来的"立法者意思说"认为:"在具有对向性质的 a、b 二种行为中,当法律仅将 a 行为作为犯罪定型加以规定时,对于当然可以定型性地预见到的 b 的行为,是因为立法当时认为可以不予考虑,应解释为是出于不将 b 行为作为犯罪这一宗旨。"[1]显而易见,这是团藤重光教授基于其一贯主张的犯罪构成要件"定型说"所得出的当然结论。"立法者意思说"在当今的日本居于通说地位。在"立法者意思说"看来,如果没有设置明确处罚规定的必要共犯(对向犯)的参与行为没有超过参与行为所具有的定型性、通常性的,就不能对之予以处罚,反之,若超过了参与行为所具有的定型性、通常性的,则予以处罚。例如,就《日本刑法》所规定的散发淫秽物品罪,如果参与人仅仅简单地对散发者说"卖给我吧",这种行为由于没有超越参与的定型性,因而不可罚;但若参与人特别积极主动地鼓动对方出售淫秽物品给自己,则由于其行为已经超越了参与行为的定型性,积极地创造出了犯罪人,因而具备可罚性。平野龙一教授所持的"实质说"则绕开"立法者意思说"而另辟蹊径,从没有明确处罚规定的参与者的行为不具有期待可能性的角度论证片面对向犯的不可罚。另有一些著名的刑法学者如西田典之教授、前田雅英教授等主张应该并用"立法者意思说"和"实质说"来解释这一问题。例如,西田典之教授一方面认为,实质说基本指出了解决这一问题的正确方向,另一方面又认为,并不能以此为理由而完全否定立法者意思说,他主张即使采取实质说,也仍然必须维持立法者意思说这一意义上的必要性共犯概念。前田雅英教授也持同样的立场,他认为,"立法者意思说"和"实质说"两者并不是在同一个方向或层面上对这个问题的说明,所以应当把"立法者意思说"和"实质说"结合起来进行理解。[2] 当然,日本刑法理论上对这三种代表性的观点都存有反对的意见。

总的来看,德、日刑法理论上对对向犯的研究成果丰硕,很多问题都取得了实质性的进展,相较之下,如果说必要共犯为刑法学上的"继儿"的话,那么就我国刑法学的研究现状而言,恐怕几乎要把对向犯称为刑法学上的"弃儿"了。作为必要共犯下位概念的对向犯长期以来没有引起学界足够的重视,对向犯基础理论研究

---

[1] 参见[日]西田典之:《日本刑法总论》,刘明祥等译,中国人民大学出版社 2007 年版,第 309—310 页。

[2] 参见李岚林:《对向犯研究》,武汉大学博士论文,2014 年,第 3 页。

相当薄弱,就笔者所接触到的资料看,我国最早对对向犯进行研究的学者是陈兴良教授,陈教授2001年发表于《法制与社会发展》上的《论犯罪的对合关系》一文,首开对向犯研究之先河。在陈教授之后,陆陆续续有一些刑法学者发表了一些对向犯研究的论文,近几年还产生了几篇研究对向犯的硕士论文。2014年李岚林博士的《对向犯研究》博士论文顺利通过答辩,对向犯问题逐渐引起了学者们的研究兴趣和重视。如果认真梳理我国现阶段已有的对向犯研究文献的话,可以发现我国刑法学界对对向犯的研究重点主要集中在这样几个领域:①对向犯的体系归属及对向犯的内涵;②对向犯的特征与分类;③对向犯与其他犯罪形态的关系;④对向犯尤其是片面对向犯的处罚问题。值得注目的是,李岚林博士对对向犯的研究令人耳目一新,李博士一改传统的对向犯定义,从把对向犯看作是一个功能性的、技术性的概念角度出发,把对向犯理解为一种前犯罪判断上的、自然观念上的共犯概念,从而以此为理论基点展开对向犯的相关问题的研究。

行政伦理学者特里·库珀认为,判断一个学术领域的研究是否成熟的标准主要有三个:一是存在一个对该学术领域长期感兴趣的学者群体,并且至少有一些人认为是这个领域的专家;二是有连续性的出版物来推动理论的发展,包括书籍、核心期刊和会议论文等;三是在大学职业教育课程中设立学术性的课程。[①] 按照这样的标准来看,我国理论界对对向犯的研究理论还相当薄弱,对向犯这一学术领域的研究还不成熟,很多基础性的问题歧义纷呈,远未达成一致的见解,遑论研究的系统和深入,主要原因在于出现了理论研究的瓶颈。笔者认为,目前我国对于对向犯研究之所以出现研究困境的主要原因有以下几种:

第一,学者们没有充分注意语境的转换,导致对对向犯的研究出现严重的"水土不服"现象。众所周知,对向犯作为必要共犯的一种是从德、日刑法理论中引进过来的,德日刑法学上常常把共犯区分为狭义的共犯、广义的共犯和最广义的共犯三个层次。其中,教唆犯和帮助犯是狭义的共犯,广义的共犯除了狭义的共犯外,还包括了共同正犯,而最广义的共犯包含了任意共犯与必要共犯两种犯罪类型。现在一般认为必要共犯的本质是指复数行为人共同实现构成要件,必要共犯的"必要性基础"不是强调复数主体的必要性而是强调复数主体共同加工行为的必要性。德、日刑法理论上把必要共犯理解为一种前犯罪构成要件意义上的自然性的概念,并不以复数的参与人都成立犯罪为必要,对必要共犯下位概念的对向犯的理解也是如此。而我国的共犯理论体系架构和德、日的刑法存有一定的差异,我国刑法通说认为,共同犯罪是指二人以上共同故意犯罪,共同犯罪可以分为任意共犯和必要共犯两种形式。必要共犯,是指刑法分则明文规定必须有二人以上共同

[①] 参见毛寿龙:《西方公共行政学名著提要》,江西人民出版社2006年版,第1—2页。

故意实施的犯罪。对这类共同犯罪通常直接根据刑法分则的规定定罪处刑。① 很显然,我国传统刑法理论把必要共犯理解为共同犯罪的一种形式,必要共犯参与人都构成犯罪,对向犯的参与人自然也是如此,对向犯的成罪判断是一种实质的判断,而不是德日刑法学所理解的对向犯的成罪判断仅仅是前构成要件意义上的形式判断。这样一来,由于共犯理论体系上的显著差异,导致我国学者在研究对向犯时没有注意语境的转换,出现不少困惑,因此,对向犯的研究在我国刑法理论中出现"水土不服"的现象也就见怪不怪了,为了避免这种理论研究上的尴尬局面,部分刑法学者不得不缩小对向犯的范畴或者甚至否认对向犯的存在,以迎合我国的共犯理论体系。②

第二,学者们的研究多是割地自限,自说自话,没有建立起统一的学术对话平台。诚然,我国近年来对对向犯的研究越来越加以重视了,明显的例证就是出现了诸多专门研究对向犯的论文。但仔细分析这些研究文献我们就会发现,学者们多是各行其是,很多对向犯的基础研究观点混乱,歧义丛生,比如对向犯的内涵、对向犯的形成结构等这类重大的本源性问题都远未达成共识。据笔者的归纳,现在我国刑法学界对对向犯的内涵至少有四种表述③,由于学者们对对向犯的内涵界定存在实质性的差异,自然也就决定了对向犯的外延的不同以及对向犯的形成结构的分歧。由于各位学者在理论研究上的割地自限,缺乏对向犯研究的对话平台,这就必然导致对向犯理论研究不够深化和系统。

第三,对向犯基础理论研究的薄弱,直接导致对向犯研究视野的狭窄。典型的表现就是现有的研究成果多数局限于研究对向犯的定义、对向犯的特征、对向犯的分类、对向犯的体系归属、片面对向犯的处罚问题。其实对向犯的研究还存在不少等待深度挖掘的理论富矿,比如,对向犯的形成结构、对向犯的停止形态、对向犯的错误、对向犯中介行为的定罪处罚、对向犯的自首和立功等诸多问题,都鲜有学者问津。

第二节 研究动机

基于对我国刑法理论界有关对向犯研究现状的认识,笔者希冀透过关于对向犯的检讨与思辨,重新审视对向犯的基础理论,进一步探讨其中的奥妙,尝试对对向犯问题域进行体系化的深入探索,架构起对向犯的理论基础。笔者之所以不揣浅陋,在研究资料相对匮乏的情况下毅然选择把对向犯作为研究对象,主要是基于以下两种动机。

---

① 参见马克昌:《刑法学》,高等教育出版社2003年版,第167页。
② 参见李岚林:《对向犯研究》,武汉大学博士论文,2014年,第2页。
③ 参见李行君:《对向犯问题研究》,南昌大学硕士论文,2008年,第4-5页。

一、完善和丰富对向犯基础理论

自从德国刑法学者斯蒂贝尔首倡必要共犯概念以来，迄今已有二百多年的历史，然而在德国刑法理论上这一领域仍被视为刑法理论体系中相当年轻的嫩枝，这说明必要共犯理论尚有进行深挖开发的研究价值，尤其是从德国刑法学家佛罗伊登塔尔把必要共犯区分为聚众犯和对向犯以来，关于聚众犯和对向犯的本质、二者的区分界限、对向犯的类型以及对向犯的不可罚性的理论说明等问题就一直聚讼不断，远未达成共识。日本刑法学界对这些问题也进行了深入研究，但整体来看研究的重点主要集中于对向犯的类型以及片面对向犯的可罚性问题。我国刑法学界一般也把必要共犯与任意共犯相对立进行研究，理论界对任意共犯的研究比较深入，任意共犯一直是理论研究的宠儿，在很多共犯的具体问题上都有为数较多的论文或著作，相较之下对必要共犯的研究，尤其是对向犯的研究则显薄弱，就笔者所收集的资料观之，只有几篇硕士论文和一些片段的对向犯的研究论文。① 其中，具有代表性的硕士论文有：云南大学法学院刘光彦的《对向犯研究》，苏州大学法学院张华强的《对合犯问题研究》，郑州大学法学院席梦的《对行犯论纲》，中国政法大学汤道刚的《第三类对向犯》，吉林大学法学院张磊的《对合犯论要》，吉林大学法学院马志永的《论对合犯与我国共犯理论的关系》，南昌大学法学院李行君的《对合犯问题研究》，以及中国青年政治学院周治成的《对向犯研究》。具有代表性的学术论文主要有：发表于《犯罪形态研究精要》上的《必要共犯研究》（李涛），发表于《政治与法律》上的《论片面对向犯的出罪路径》（杜文俊），发表于《法律科学》上的《试论对合犯》（杨新培），发表于《兰州学刊》上的《论片面的对向犯》（田坤），发表于《法制与社会发展》上的《论犯罪的对合关系》（陈兴良），发表于《国家检察官学院学报》上的《对合犯若干问题探讨》（谢彤），发表于《西南民族大学学报》上的《论对向犯》（侯斌），发表于《国家检察官学院学报》上的《论刑法中的对合行为》（刘士心），发表于《中国刑事法杂志》上的《论对向犯的处罚范围》（周光权等），发表于《河北法学》上的《论对向犯的定罪处刑》（倪业群）等。仔细研究我国现有的有关对向犯的理论文献不难发现：现有的研究成果缺乏深入性；研究的系统性和体系性不强；基础理论研究薄弱，很多有关对向犯的基本问题都是自言自说，缺乏共识性，从而使对向犯的研究陷入一种尴尬的困境。鉴于我国理论界对向犯研究的现状，笔者认为有必要对对向犯进一步系统深入研究，以期丰富、完善和深化对向犯的问题域研究。

---

① 在笔者博士论文写作过程中，李岚林博士的同名博士论文于2014年通过了论文答辩。

二、回应司法实践,应对司法困境的现实需要

由于对向犯的基础理论研究薄弱,直接导致司法实践的困惑,以笔者看来,这样的混乱主要表现为如下几个方面。

第一,对刑法没有明文规定处罚的对向犯的一方能否依据刑法总则的规定进行处罚?关于这个问题,刑法学界可谓是仁者见仁智者见智,导致司法实践上无所适从,尤其是最高人民法院两则司法解释的公布①更是引起了极大的争议。

第二,对向犯的定罪处刑上的困惑。比如,某房地产经纪有限公司业务员朱某、乔某等人与税务局工作人员勾结,于2005年6—8月,在为他人办理二手房交易手续的过程中,采用移花接木、重复复印的方法,篡改相关房产复印资料上的发证日期,使不应享受免税政策的二手房交易违规通过免税审核,并由税务员徇私舞弊出具房地产统一销售发票,致使国家税款流失案件,其中朱某为谋取不正当利益给予税务人员行贿款3.5万元。法院判决朱某构成徇私舞弊不征、少征税款罪和行贿罪,涉案的税务人员构成徇私舞弊不征、少征税款罪和受贿罪。② 理论界和实务界不乏有人认为本案中朱某应构成偷税罪和行贿罪,税务人员应构成徇私舞弊不征、少征税款罪和受贿罪。之所以会出现这样的争议,在笔者看来这主要是没有搞清楚对向犯的形成结构、定罪处刑原则以及对向犯与我国刑法规定的共犯关系所致。

第三,司法实践中,对如何具体地认定对向犯的自首和立功、对向犯的未遂形态、对向犯的中介行为的定性以及对向犯的正犯与共犯的竞合问题等,也存有这样那样的疑惑。为了破解上述司法实践中难题,回应实务的紧迫需要,很显然有必要突破现有的理论窠臼,对对向犯这座刑法理论上的富矿进行深入的挖掘,以期从对向犯这个冷僻的小窟窿里面掏出个大螃蟹来。

---

① 《关于办理生产、销售伪劣商品刑事案件具体应用法律若干问题的解释》第6条第4款规定:医疗机构或者个人,知道或者应当知道是不符合保障人体健康的国家标准、行业标准的医疗器械、医用卫生材料而购买、使用,对人体健康造成严重危害的,以销售不符合标准的医用器材罪定罪处罚。《关于办理伪造、贩卖伪造的高等院校学历、学位证明刑事案件如何适用法律若干问题的解释》规定:明知是伪造的高等院校印章制作的学历、学位而贩卖的,以伪造事业单位印章罪的共犯论处。

② 参见杨志国、方毓敏:《徇私舞弊不征、少征税款罪与偷税罪关系辨证——兼论税务机关工作人员与偷税人相互勾结偷逃税款案件的定性》,载《政治与法律》,2008年第4期,第54-58页。

第三节 研究范围

本书主要针对对向犯展开相关研究,希冀由对向犯的实质内涵出发而重新构建其应有的结构形态,为求较为完整的研究对向犯的问题域,除绪论外,本书分为上篇和下篇共计六章来论述,各章的主要内容如下。

在法学研究上,欲对一法律概念作深入性之探究,除直接针对该概念本身分析外,更重要者,必须从体系一贯之逻辑中获得核心概念,如此方能不脱离本质。否则,就如同浮萍失根,无所依据,在找寻论点支持之过程中必倍感艰辛。[①] 因而,在研究对向犯之前,不能忽略的是对其上位概念——必要共犯的必要考察,必要共犯理论若是从1805年学者斯蒂贝尔的《论构成要件》一书开始追溯,至今已有二百余年的历史,其间,尽管必要共犯的理论没有得以蓬勃发展,但也不时有重要著述问世。为求对对向犯的全貌考察,必先追根朔源对必要共犯理论做些探究。因此,本书第一章将首先梳理必要共犯的理论发展源流,尝试归纳出必要共犯的本质内涵,尤其注意对构成必要共犯基础的"必要性"究竟意指若何进行界定,以求明了必要共犯的范围,在此基础上再对对向犯做深入的讨论。

第二章即进入对向犯基础问题的研究。在传统的法律思维模式中,学者们对某个法律概念多是先为其定义,然后根据这个预先设定的定义去分析其特征等相关问题,笔者认为这样的研究方法有很大的局限性,那就是研究者先划定了一个狭小范围的研究框架,然后只能在这个狭窄的空间内打转。很显然,用这种方法来展开对一个法律概念的研究是有一定的风险的,这种割地自限的做法实不足取,笔者在本章的研究中,不先就对向犯给其预置定义,而是回归犯罪本质的思考,经由对对向犯的行为、行为主体以及行为结构的理论检视,结合刑法上的正犯和必要共犯理论的整理和透析,进而顺理成章地得出对向犯的本质内涵。这也是本书的研究重心之所在。

第三章经由第二章对对向犯行为主体和行为结构的分析,在介评域外学者和我国学者观点的额基础上,对对向犯的内涵进行了界定。研究一个法律概念的特征和分类,有助于对这个概念的本质的深刻把握,因而,有必要回归传统的法律概念研究模式,在对对向犯本质内涵分析的基础上,重点探讨对向犯的构成特征和对向犯的类型。本章中笔者将先对理论界对对向犯特征和类型的有关理论加以简要的介绍和评析,然后提出笔者所提倡的对向犯的"新四特征说"和对向犯的类型划分理论。

[①] 参见蒋薇君:《论对向犯》,(台北)中正大学硕士论文,2006年,第7页。

第四章是对向犯与其他犯罪类型的比较，以求透过比较而加深对向犯之本质印象。对向犯尽管作为必要共犯的一种犯罪类型被人们加以研究，但究其实质，毋宁认其为"正犯"更为准确贴切。为此，遵循这样的思考，本书以其他多数人参与犯罪的正犯类型作为参照，比较研究对向犯与共同正犯、间接正犯以及连累犯等犯罪形态的界分问题。

第五章对片面对向犯的问题进行探讨。片面对向犯作为对向犯研究的热点亘久不衰，本章将尝试对这一理论上的难点进行探讨，首先对德日刑法理论上的立法者意思说、实质说、可罚的规范目的说等几种主要的观点逐一进行介绍和评析，然后在比较借鉴的基础上，通过联系共犯的处罚根据、法益侵害、刑法的谦抑性、期待可能性、刑法的体系解释等对片面对向犯问题提出新的观点和看法。

作为对向犯理论研究的生僻领域，对向犯的自首问题、对向犯的立功问题、对向犯的罪名问题，以及对向犯的中介行为的定罪处罚问题等鲜见有相关研究成果，理论研究上的不足直接导致了司法实务上的困惑，笔者试图在本书第六章的研究中对这些问题有所突破。

第四节 研究方法

黑格尔在其哲学名著《小逻辑》一书中一针见血地指出："学科的方法不是外在的形式，而是内容的灵魂。"① 由此可见，任何一门学科的研究方法都是至关重要的。一门学科成熟的标志是自身方法论的形成和发展。刘艳红教授指出："刑法方法问题属于刑法实践与刑法法学的原则性问题之一。然而，这一问题常常被忽视，尤其是在20个世纪及其以前的中国刑法理论与实务界。刑法学界对方法论问题的忽视并不是说我国刑法学的研究缺少方法，只不过这些方法的运用往往只是潜意识的，缺乏对刑法学研究方法的积极思考，缺乏将各种研究方法由分散过渡到完整，由零星上升到体系，由方法上升到方法论。"② 笔者同意刘艳红教授的观点，刑法学研究需要科学的方法，形成自己的方法论。另外，笔者主张，在刑法学的研究中，各种研究方法之间没有绝对的优劣之分，没有一种万能的放之四海而皆准的方法，每一种研究方法都有自己独特的功能，都能为研究者提供一个崭新的视角，每一种研究方法也不可避免地存在局限性，单纯地运用一种研究方法是不行的，犹如"一叶障目，不见泰山"，综合的研究方法才是最好的刑法研究方法。为此，本书基于研究目的的需要，将综合运用多种研究方法，具体如下：

---

① [德]黑格尔：《小逻辑》，贺麟译，商务印书馆1980年版，第427页。
② 参见梁根林：《刑法方法论》，北京大学出版社2006年版，第73页。

一、比较研究方法

从1869年在法国成立的比较立法学会开始算起,比较研究方法在法学研究中的使用也只有一百多年的历史,但是,这种研究方法对法学的繁荣与进步所起的作用却不可估量。首先,从比较法所具有的认识论的功能上讲,借助比较法,我们可以更好地认识本国法,张明楷教授曾经谈到,如果一个人只了解本国刑法的规定而不了解外国刑法的规定,那实际上他连本国的刑法也不了解,正因为如此,培根在《崇学论》中提出,法学家为了能够真正认识本国法律,必须将自己从本国法律的枷锁中解放出来,因为判断的对象(本国法律),不能同时是它的判断准则。[①] 其次,从比较法在实践方面的功能来看,比较法可以为研究者提供参考资料、论点的佐证材料,能够成为法律解释的工具。正是比较研究方法在认识论和实践指导方面发挥着巨大作用,本书重点采用比较研究方法。

如上所述,对向犯的研究在德日等国家相对系统和深入,而我国的理论研究史短之又短,因此,极有必要在比较借鉴国外相关研究成果的基础上构建我国的对向犯理论体系。

二、归纳的研究方法

张明楷教授认为,我国刑法学研究具有创新意义的论著并不多,个中原因难以一语道破,但大体可以认为,刑法学的研究方法落后制约了刑法理论的创新。[②] 按照张教授的观点,刑法学研究应当"少演绎,多归纳",因为虽然演绎方法具有不可低估的作用,但是演绎方法也具有难以取得创新成果等缺陷。[③]本书的研究会较多采用归纳方法(这并不意味着笔者否认演绎方法的优点)。所谓归纳,是从个别事实推演出一般原理的逻辑思维方法。归纳法往往能使研究者根据已知的事实推导出未知的事实,而且能把已有的认识成果进行扩展,进而形成一般原理。因而,利用归纳法会大有裨益。

三、理论思辨和社会学实证分析结合法

刑法学是一门规范科学,主要以刑法规范为研究对象,在进行规范学研究时,我们常常运用理论思辨的研究方法。理论思辨的研究方法对于刑法学的研究

[①] 参见李龙:《西方法学名著提要》,江西人民出版社1999年版,第567-568页。
[②][③] 参见梁根林:《刑法方法论》,北京大学出版社2006年版,第109页。

不可或缺,但发端于孔德的实证主义哲学认为,一切科学的结论必须建立在被观察到的事实基础上,由此,他把"观察优于想象"的命题作为实证主义的基础。笔者认为,在对包括刑法学在内的规范科学进行研究时,一方面要充分发挥理论思辨研究方法的长处,另一方面要注意在刑法学研究中引入实证分析方法,因为实证分析方法能够弥补纯思辨研究过于抽象和宽泛的缺陷,因此,本书注重实证研究方法的运用,注重对典型判例的分析和归纳,对对向犯的定罪和处罚结合司法实践进行实证研究。

四、辩证的方法

历史唯物主义辩证法告诉我们,对任何事物任何现象的分析,要辩证地对待,这就要求我们在构建我国的对向犯理论时,辩证地对待西方资本主义国家刑法学的相关研究成果,既要注意其他国家刑法与我国刑法的共性,又要注意其差别性,要善于"借他山之石,攻我山之玉",千万不能受制于意识形态的差异,戴着有色眼镜去看待、评价其他国家的刑法理论状况。意大利刑法学家杜里奥·帕多瓦尼早已指出:"除国际法外,刑法是法律科学中对各国具体政治和社会文化特征方面的最不敏感的学科。在刑法不同的历史形式之间,尽管也存在一些往往是非常重要的差别,但是在基本的理论范畴和法律制度方面,却有着共同的基础。"[①]为此,本书努力摒弃那些意识形态化和情绪化的东西,力求在各个国家的体系内在理性的天平下品评其得失,以免把国外刑法中合理的规定和理论解说简单化地作为我国刑法可有可无的点缀和注脚。[②]

[①] 参见陈兴良:《转型与变革:刑法学的一种知识论考察》,载《华东政法学院学报》,2006年第5期,第3—19页。

[②] 参见王光明:《共同实行犯研究》,吉林大学博士论文,2009年,第8页。

对向犯基础论

● 上篇

第一章

对向犯的理论溯源——必要共犯理论的梳理

学界一般认为,对向犯是位于必要共犯理论架构下的一种犯罪类型,在对对向犯这个主题探讨之前,为使其不脱离本质,有必要先对必要共犯这个前置性概念进行必要的理论梳理与再省察,以便从体系的一贯逻辑中获得核心概念。探讨一个法律概念,不能忽视其发展历程,要从概念的发展历程中把握其理论脉络,这一点对于探究这个法律概念相当重要。[①] 由此,本书将首先对必要共犯的发展历程进行梳理,以求把握其理论演进的轨迹。然后,进入必要共犯概念的意涵及"必要性"基础的探讨。在对必要共犯的概念有全貌的把握后,接下来论述必要共犯的类型。

第一节 必要共犯理论的源流与嬗变

一、初始的零碎化、片段化发展阶段

早在1805年,德国学者斯蒂贝尔就在他的著作《论犯罪的构成要件》一书中指出:"某些犯罪之实现,依其本质必须以多数人之同时存在为必要,例如决斗罪或是肉欲性犯罪,在这些犯罪中,所有的参与者毫无疑问的都应该被当作是犯罪的

---

① 参见蒋薇君:《论对向犯》,(台北)中正大学硕士论文,2006年,第7页。

共同肇事者来加以处罚。"①刑法史上一般以斯蒂贝尔当时的说明作为必要共犯概念的滥觞②,笔者认为,尽管有些学者批判斯蒂贝尔当时的论述只是在论及一般构成要件与共犯问题时所作的附带说明,关于必要共犯的核心问题,即必要共犯的可罚性之争议等问题丝毫未有涉及,但是,从他当时的论述看出,他实际上已然勾勒出了一种构成要件特征——某种必须以多数人参与为必要的犯罪类型。从他所提及的两个例子来看,实质上类似于对向犯的结构特征,所以尽管他当时没有明确地使用对向犯抑或必要共犯的词语,但是不能否认他最先论及"必要共犯"这一概念的事实。

1829年,德国刑法学者马丁(Martin)在他的教科书中讨论了须有多数行为人才能成立的犯罪类型,尽管马丁仍然没有明确使用"必要共犯"的表述,但是马丁在理论上第一次在与任意共犯相对应使用的意义上论及这种犯罪类型。这种把必要共犯与任意共犯对照比较研究的做法,时至今日仍为学界所采用。

最早明确使用"必要共犯"这一概念的学者当属德国的赫福尔(Heffter)。1833年,赫福尔在其教科书中首次使用"必要共犯"来指称那些经由多数人在同一时间共同为互相一致行为的犯罪类型,并以贿赂罪和决斗罪为例加以说明。③ 另外不得不提及的是,赫福尔在论述"必要共犯"之一概念时,还对狭义的共犯是否适用于必要共犯的情形进行了突破性的探讨,在赫福尔看来,"必要共犯"不是对犯罪的参与,而是每一个人都具有独立的地位,每个人都实施了独立于其他必要参与者的犯罪,因而,他大胆地提出了狭义犯罪参与理论不适用于必要共犯的见解。我们从他的论述中,似乎可以嗅出这样的味道,即赫福尔认为必要共犯具有正犯的品性。在赫福尔提出这种观点的相当长一段时间内,刑法理论上主张刑法总则的共犯规定不适用于必要共犯的声音不绝于耳。

1869年之前,理论上一直认为必要共犯的"必要性基础"在于多数人参与的必要性,直到1869年德国刑法学者许策(Schuetze)出版一本关于必要共犯的专著,这种状况才得以转变。他在其专著中明确指出,必要共犯概念指的是特定多数人行为参与的必要性,并非要求必须有多数具有有责性,且可罚之参与者的存在。换言之,必要共犯指的是"复数主体共同加工"的必要性,而非指"犯罪人复数的必要性"。④ 笔者认为,许策一改早前刑法理论把必要共犯的"必要性基础"定位于"复数参与主体"的做法,创造性地把必要共犯的"必要性基础"定位于"复数主体

---

① 转引自林书楷:《论犯罪之典型加工——必要共犯理论之研究》,(新北)辅仁大学博士论文,2005年,第92页。

② 学说上也有认为是德国刑法学者许策于1869年最先提出必要共犯概念的观点。具体可参见[德]弗兰茨·冯·李斯特:《德国刑法教科书》,徐久生译,法律出版社2000年版,第360页。

③ 参见蒋薇君:《论对向犯》,(台北)中正大学硕士论文,2006年,第10页。

④ 参见林书楷:《论犯罪之典型加工——必要共犯理论之研究》,(新北)辅仁大学博士论文,2005年,第94页。

共同加工"的必要性,这不仅给人一种耳目一新的感觉,而且对于必要共犯概念本质的澄清也多有助益。他的这种突破性的见解,也为研究必要共犯理论开辟了一条崭新的通道,使人们认识到必要共犯的参与者并非都一定构成犯罪,因而,对于每个必要参与者是否具有可罚性的问题,仍有检视的余地,仍需作进一步的判断。许策根据自己的研究,固执地认为,即使是在必要共犯的情形,仍然应该运用一般共犯的理论来检视各个必要共犯的参与者是否可罚,并不当然地把必要共犯一律排除在刑法总则共犯的规定之外。平心而论,许策关于必要共犯的观点直到现在仍有诸多值得肯定之处。

自许策后,理论界一直不断有学者对这一问题给以持续的关注,其中,引人注目的是学者蒂佩尔斯基希(Tippelskirch)的见解,他于1870年提出,买卖契约必以双方当事人之共同参与作用方能成立,且一方意图出售货物,另一方则意图取得货物,彼此之目的对立,既然目的对立,则不可能有将买受人视为出卖人之帮助犯、将出卖人视为买受人之帮助犯等情形出现。① 显然,在蒂佩尔斯基希看来,帮助犯的目的在于强化行为主体的犯罪意念,和行为主体的犯罪目的一致始有成立帮助犯的余地,由于买卖契约双方的目的不同,利益相反,自然没有适用帮助犯的可能。可以说,蒂佩尔斯基希的这项见解为许策的区分必要共犯与一般共犯的理论提供了一个新的支撑点。

二、体系化探讨阶段

如果说以上必要共犯理论对于其核心问题——必要共犯的不可罚性问题只是一种零碎的、片段化的讨论,自1887年冯·克里斯(V·Kries)开始,德国理论界对于必要共犯的不可罚问题转入了体系化的讨论阶段。冯·克里斯在他的论文《共犯论之研究》里是以类型群组的方式展开对必要共犯不可罚性这一问题的研究的,在他所总结的这些类型群组里,刑法总则的共犯规定都因为特别的事由而被排除适用。概而言之,他提出了认下四种必要共犯不可罚的类型。

第一,基于刑法规范的目的,属于构成要件被保护对象的不可罚。依此理解,与未满十四岁的人发生性行为,该未满十四岁的人因为是与未成年人性交罪的保护对象,因而不得因为教唆或帮助而被处罚。重利罪的情形也是如此。

第二,必要参与者数次参与同一犯罪的免罚性。依据一般原理,一个人多重参与同一犯罪,该行为人只能被处罚一次。冯·克里斯认为此项规则对于共犯理论也应适用,因而假如某犯罪之正犯,同时又教唆或帮助他人犯该罪,他只成立该罪

---

① 参见蒋薇君:《论对向犯》,(台北)中正大学硕士论文,2006年,第11页。

的正犯,不因其的教唆或帮助行为而再受处罚。① 依此,在德国刑法上,由于罪犯的自我脱逃行为因欠缺期待可能性而不罚,则脱逃的罪犯即使再教唆他人纵放自己逃脱的,也不应再另外成立教唆纵放人犯罪而罚之。

第三,经由法律条文的相关规定而能够推导出立法者有意地不处罚特定参与者,如果对特定参与者处罚的话,则违背该立法目的。作为这种不罚类型的典型例子,可以举出德国刑法上的不违背职务的行贿者的教唆行为,因为不违背职务的行贿行为不构成犯罪,因而即使行贿人教唆公务员收受贿赂,也不应被论以不违背职务受贿罪的教唆犯而受处罚。

第四,立法者仅仅将符合特定要件的人规定为犯罪主体,则不符合该立法规定要件的人不罚。一般认为对于计划之犯罪行为不检举者是其适例。② 冯·克里斯这种采用类型化群组的方法来研究必要共犯不可罚的问题具有方法论上的重要意义,如果说概念的作用是区隔——概念主要用来区别不同的事物,那么,类型的主要作用则在于概括,类型通过概括的功能而形成对事物直观的、整体的认识。在人文社会科学的研究中,学者们常常使用类型化的思考方法,例如,马克斯·韦伯就大胆地将类型化思考方法引入社会学的研究中,从而构建了一种理想类型的分析框架。③ 笔者认为,在法学研究中,也应当有意识地适用类型化的思考方法,但是需要注意的是,法学中的类型具有不同于社会学中类型的特征,法学上的类型更注重类型的规范性。比如,刑法中广泛使用的犯罪构成要件的概念,就是使用类型化的思考方法形成的。正如我国学者指出的那样:从贝林格到小野清一郎,构成要件理论从萌芽发展到了极致。伴随构成要件理论的成熟,构成要件类型化的思维亦逐步成型。无论是行为类型、违法类型抑或责任类型,还是犯罪的外部轮廓或价值类型,无疑都是一种类型化思维的过程和结果。在这个意义上,甚至可以将刑法学称为类型刑法学。④ 由此可见,在法学研究中使用类型化的思考方法具有重要的意义。

冯·克里斯采用类型化的思考方法所建立的类型群组,为判断必要共犯不可罚这一问题奠定了判断基础,其后,理论上对这一问题的研究多是在他研究的基础上展开的。尤其值得一提的是,他所提出的必要共犯不可罚的第二种类型为以后其他学者的接续研究具有相当程度的启发功能。⑤

---

① 参见林书楷:《论犯罪之典型加工——必要共犯理论之研究》,(新北)辅仁大学博士论文,2005年,第95页。
② 参见蒋薇君:《论对向犯》,(台北)中正大学硕士论文,2006年,第12页。
③ 参见陈兴良:《刑法教义学方法论》,载《法学研究》,2005年第3期,第38—56页。
④ 参见张文、杜宇:《刑法视域中类型化方法的初步考察》,载《中外法学》,2002年第4期,第423—424页。
⑤ 此后的理论研究中,Lange的"弱势地位说"和Zoller的"共同正犯类似说"都遵循了这种思考脉络。

三、必要共犯一般性原理的构建阶段

关于必要共犯的不可罚性问题,无论是许策所提出来的依据一般共犯的规则来判断,还是冯·克里斯所主张的通过类型化群组的方法来个别判断是否可罚,似乎都是站在个案排除的立场,即他们都主张刑法总则的共犯规定对于必要共犯原则上都有适用的余地,只有在某些特别的情形下才例外地排除必要共犯的可罚。然则,这种个案排除的研究范式进入20世纪后却发生了重大的变化。

美国著名的科学哲学家托马斯·库恩(Thomas Samuel Kuhn)在《科学革命的结构》一书中明确提出了"范式"的概念,"范式"一般是指某一特定学科的科学家所共有的基本世界观,它是由其特有的观察角度、基本假设、概念体系和研究方式构成的,它表示科学家看待和解释世界的基本方式。[①] 一般来说,采用同一研究范式的学者在某一特定问题上往往采用相同的原则、体系和思考方法。进入20世纪后,关于必要共犯不可罚的问题,学者们一改以往的那种个案排除模式,转向构建必要共犯不可罚一般原理的研究范式。其中,比较引人瞩目的有如下这几种理论。

(一)弗罗伊登塔尔的"补充关系说"

1901年,弗罗伊登塔尔(Freudenthal)在其研究必要共犯的著作《犯罪的必要共犯》里第一次提出可把必要共犯再区分为聚众犯与对向犯两种类型,这一点引起学界的瞩目,他的这种分类方法时至今日仍为学界所采。此外,在必要共犯的核心问题上,他也发表了独到的看法。弗罗伊登塔尔首先从分析危险犯与实害犯的关系入手,认为在同一犯罪上产生危险犯与实害犯竞合的情形时,因为实害犯侵害法益较危险犯侵害法益要重,因而只成立较重的实害犯,不因再成立较轻的危险犯而受双重处罚,即从犯罪形态上来讲,危险犯相对于实害犯具有补充关系。接着,弗罗伊登塔尔认为教唆犯与帮助犯仅仅只是对法益造成危险,从本质上而言都是危险犯,相较之下,由于正犯对法益造成实际的侵害——即使正犯是危险犯的情形,其也对法益产生较教唆犯和帮助犯较重的危险,因而,教唆犯与帮助犯相对于正犯,包括帮助犯相对于教唆犯而言,都具有补充关系。从而,弗罗伊登塔尔认为教唆犯与帮助犯的这种相对于正犯的补充关系在必要共犯上也应该适用,具体而言,他认为,参与必要共同加工行为的正犯对同一犯罪也予以教唆或帮助时,只科以正犯之责,而不会再论以同一犯罪的教唆或帮助犯。由此,他进一步主张,如果依据法律之意义,当一个人与其他人共同对法益予以侵害或较强之危险时(指正犯之情形)是不罚的,则那些仅对法益造成危险或较轻程度之教唆或帮助行为也

[①] 参见卢国显:《以安全为起点:论治安学的研究对象与学科体系》,载《福建警察学院学报》,2011年第6期,第7-12页。

应当不予处罚。例如,法律基于人类渴望自由的天性而不处罚犯人自我脱逃的行为,既然法律都不处罚对法益造成实害的自我脱逃行为了,当然也不会处罚教唆他人纵放自己脱逃这个仅对法益造成危险的行为。①

从以上介绍可见,弗罗伊登塔尔提出来的"补充关系说"似乎是从法条竞合的补充关系受启发而得,这种逻辑思考的方向是试图构建必要共犯不可罚的一般性原理。尽管学界有观点认为,究其实质而言,弗罗伊登塔尔的观点是综合了冯·克里斯所提出来的类型化群组的第二和第三种类型的产物②,但他的这种尝试构建必要共犯不可罚的思考方向和努力还是值得肯定的。

(二)朗格的"弱势地位说"

朗格(Lange)认为,对于聚众犯而言,除了必要参与人之间是否存在共同正犯关系这个问题外,其他问题没有什么值得讨论了,因而他在1940年的《必要共犯》一书中对聚众犯略而不谈,更多地着墨于对向犯的不可罚性问题上。

朗格认为,在对向犯的场合,一方往往相对于另一方而言处于优势的地位,正是这种优势地位确保处于优势方对于犯罪具有特别的支配,因而处于优势的一方自然具有较重程度的可罚性。与此相对,处于劣势地位的另一方因为欠缺对犯罪的支配,导致其不再是一个犯罪的共同加工者,而仅仅是处于优势地位的一方的行为客体,因而不可罚。朗格同时认为,在对向犯的场合,必要参与者所参与的不是他人的行为,而是参与自己的行为,所以必要参与者从本质上看是正犯,而不是共犯,所以没有适用刑法总则规定的教唆犯或帮助犯的余地。从朗格的对向犯理论以观,不难发现,其对于对向犯的不可罚问题主要基于以下思考流程:①对向犯的必要参与者由于自身的特殊性,本质上应为正犯而非共犯,所以不构成教唆犯或帮助犯;②尽管必要参与者本质上应是正犯,但由于它处于一种弱势地位而对犯罪缺乏必要的犯罪支配,即实质上其已经不是犯罪行为的共同加工者,而仅仅是处于优势地位一方的客体,不能作为正犯处罚;③这样的必要参与者既不能作为正犯也不能作为教唆犯或帮助犯处罚。

(三)察尔的"共同正犯结构说"

关于必要共犯理论,在朗格之后,刑法学界对此沉寂了一段时间,直到1970年,德国刑法学者察尔(Zoller)博士的论文《必要共犯》的发表,才又使这一问题的研究活跃起来。察尔的理论基本上是朗格理论的一种改良形态,因为他沿循了朗格的思考模式:把必要共犯定位于本质上的"正犯",由此排除总则共犯规定的适用,再以必要共犯不是构成要件规定的典型的正犯这一理由,来排除其成立正犯之可能,因而自然得出必要共犯不可罚的结论。察尔理论的特色在于,他借鉴威尔泽尔

---

①② 参见林书楷:《论犯罪之典型加工——必要共犯理论之研究》,(新北)辅仁大学博士论文,2005年,第98-99页。

的"目的正犯概念",认为必要参与者都可以基于其意志决定有目的地实现犯罪,都具有犯罪的"目的支配"。以此为逻辑起点,察尔将对向犯的必要参与者视为共同正犯或类似共同正犯的结构,因此没有必要再论以教唆犯或帮助犯而加以处罚。

(四)赫茨贝格的见解

赫茨贝格(Herzberg)跳出了察尔理论的窠臼,不是从共同正犯类似结构的角度来讨论必要共犯不可罚的问题,相反,他着眼于刑法对于正犯及共犯构成要件的规范,认为正犯的构成要件要素也可以转化为共犯的构成要件。因为共犯构成要件是继受正犯构成要件而来,由于会受到某种程度的限制,因此在必要共犯中,会产生排除必要共犯可罚性的效果。他以德国刑法中便利脱逃罪和纵放人犯罪为例,认为该犯罪的受益者个人情况会被正犯的个人构成要件排除在外,当参与者与受益者为同一人时则应该被评价为个人免除刑罚要素。[①]

四、个别构成要件解释为方向的研究阶段

在经过一段时间尝试建构必要共犯一般性原理的探索之后,德国刑法理论界,从20世纪70年代之后转而放弃必要共犯不可罚基础单一理论,而代之以对法律未明文规定处罚的对向犯通过对个别构成要件的审查——"个别构成要件解释"的方法,来检视其可罚性。也就是说,除非可以找出对向犯不可罚的实质性的理由,否则此类对向犯的必要加工行为,如果符合总则的教唆犯或帮助犯的构成要件,仍应适用总则共犯的规定而论以教唆犯或帮助犯的罪责。在此,笔者重点介绍以下三位学者的见解。

(一)奥托的观点

奥托(Otto)在1976年发表的论文中,扬弃了先前理论界对于一般性必要共犯理论的追求,开始采取"个别构成要件解释"的研究模式来探求必要共犯不可罚的基础。奥托的理论是以德国实务界发展出来的"最低程度共同加工"为基石的,他认为,符合角色行为的必要参与者,即仅仅局限在实现构成要件的必要参与者不具备可罚。因而,奥托的研究重心聚集于那些逾越角色的必要参与行为是否可罚的问题上。他通过个别构成要件解释的方法归纳出如下重要结论:

(1)如果刑法规范的目的是要保护该犯罪的必要参与者,并且该必要参与者对于保护法益具有完全的处分权限,那么,必要参与者因为不是直接侵害法益,而是一种间接侵害法益的行为(按照奥托的理解,正犯是对保护法益的直接侵害或危险,而共犯则是通过正犯的行为对法益为间接侵害——笔者注),因而不可罚。

[①] 参见李岚林:《对向犯研究》,武汉大学博士论文,2014年,第15页。

如果必要参与者对保护法益的处分权限受有限制的话,奥托又细分为两种类型群组来加以讨论。① 在笔者看来,奥托所提出来的这种必要共犯不可罚类型和冯·克里斯所归纳的第一种类型群组很接近,都是从刑法规范目的的角度来探讨不可罚的基础。

(2)如果受益人参与实现构成要件,则受益人的教唆或帮助行为也是不可罚的。奥托把这种必要参与者不罚的理由归结为受益者具备一种类似紧急避险的动机地位而导致实质上责任的减轻。依照奥托的理解,犯人教唆他人放纵自己脱逃的行为,因为人有渴望自由的天性,刑法不能期待他放弃脱逃的动机,因而犯人不会论以教唆放纵人犯罪之罪责。在笔者看来,这种所谓的受益人具有类似紧急避险动机地位的情况实质上用期待可能性理论就足以解决,似乎没有必要再特别地提出这种理论而给人以换汤不换药之感。

(3)对于像买受者教唆他人在破坏法定价格限制的情形,出售标的物给自己这种必要参与行为典型地由必要参与者的一方发动时,该必要参与行为也是不可罚的。对于当时法学界的共识,奥托并不认同。他从该参与者对相关法益没有处分权限的角度出发,认为即使必要参与者一方主动发动犯罪行为,这种必要参与行为仍然具有可罚性。

(二)沃尔特的观点

沃尔特(Wolter)也是通过个别构成要件解释的途径来处理必要共犯的问题的,他将研究的重心放在对向犯的参与者不可罚这一核心问题上,客观地说,他的研究对必要共犯理论的发展大有裨益。根据沃尔特的见解,必要共犯不可罚的情形有以下几种:

(1)"最低程度共同加工"的不可罚性。沃尔特认为在对向犯中,立法者如果有意同时处罚两边的参与者时,都会明确地予以规定(典型的如血亲相奸罪),因而,若从反面推论的话,就会得出"构成要件所必要之最低程度参与"是不可罚的。例如,债权人仅仅单纯地接受欠缺支付能力的债务人所处分的财产,不构成刑法上庇护债权人罪的帮助犯,因为这是单纯实现构成要件所必要的最低程度参与。②

(2)构成要件保护对象不可罚。沃尔特依据保护目的思想,认为如果对向犯法律未明文规定处罚的一方,是构成要件所保护的对象,那么,即使其行为已然逾越必要共同加工的最低程度,也不具有可罚性。沃尔特认为,在这种情况下相关法益对于被害人而言是不受保护的,必要参与者的间接侵害法益的行为不具备任何

---

① 林书楷:《论犯罪之典型加工——必要共犯理论之研究》,(新北)辅仁大学博士论文,2005 年,第 108 页。

② 林书楷:《论犯罪之典型加工——必要共犯理论之研究》,(新北)辅仁大学博士论文,2005 年,第 111 页。

共犯的可罚性,他还以刑法规定的重利罪和受嘱托杀人罪为例进行了说明。在沃尔特看来,构成要件保护对象不可罚类型和上述"最低程度共同加工"的不可罚性类型,从实质上看,都属于不法构成要件的排除。

(3)类似紧急避难情况的不罚性。如上所述,前两种不可罚类型是沃尔特从不法构成要件的层面上进行归纳的,而类似紧急避难情况的不罚性类型则是他从责任的层面进行分析得出的结论。他所归纳的这种不可罚的类型的理论基础可以说是出于期待可能性的思想。

(三)格罗普的观点

从以上对奥托及沃尔特两位学者所归纳的必要共犯不可罚的类型中可知,尽管他们都主张舍弃必要共犯不可罚一般性原理的构建,而主张采用个别构成要件解释的途径来探究必要共犯不可罚的问题,但是他们的立场难言彻底,因为他们都受到德国实务界提出的"最低程度共同加工"理论的影响,并以此理论作为他们的研究前提。彻底摒弃"最低程度共同加工"理论,而纯粹地采用个别构成要件解释的归纳方法来研究必要共犯不可罚这一问题的学者是格罗普(Gropp)。格罗普于1991年在他的论文《特别参与之犯罪类型——必要共犯理论之研究》中,归纳出了五种对必要共犯不可罚的类型。

1. 有法益处分权限者的自我侵害

格罗普认为法益持有人对法益的处分在结果上应该被认定合法,因此处分权具有合法化的特征,可以作为处分权人(特别参与者)的合法化事由。

2. 不得处分的个人法益自我侵害

格罗普认为不得处分的法益的持有者并无法排除刑法的保护伞,他虽然不能使第三人免于刑事责任,但却能够使自己的共犯(参与)行为免责,他以教唆杀己的案例进行了具体的说明。[①]

3. 边缘特别参与的不可罚性

格罗普把边缘特别参与不罚的类型细化为两种子类型:对离心犯的边缘参与、对向心犯的边缘参与。

(1)对离心犯的边缘参与。格罗普指称的离心犯,是指某些物品会由作为中心点的正犯向所有方向被传送出去的一种行为方式,而这些被传送出去的物品则内含一种危险,此种危险尤其是在与特定人接触的情况下能够导致损害发生。例如,于寄送买卖中交付含有猥亵照片的书刊就建立了一个对青少年的抽象危险,因

---

① 林书楷:《论犯罪之典型加工——必要共犯理论之研究》,(新北)辅仁大学博士论文,2005年,第115页。

为于此无法保证收受者的年龄一定在十八岁以上。① 格罗普认为这种边缘共同加工行为不可罚性的基础在于"比例原则"和"平等原则"。比例原则要求遵循刑法谦抑性的精神,只处罚散布危险的中心,不将诸如收购或订购这样的没有制造出特殊危险的边缘共同加工行为。根据平等原则,对于离心犯主犯罪行为不法的边缘共同加工的不同等参与者与对于离心犯主犯罪行为不法的边缘共同加工的同等参与者应施以不同的处理。

(2)对向心犯的边缘参与。所谓的向心犯,是指以正犯作为事件的中心点,经常性地引诱第三人为此行为的一种行为方式。在向心犯中,其中心不法表现在依据相同模式而一再重复的乘数行为上,倘若只是对向心犯的边缘参与,则其"共犯不法"即不再符合"正犯不法"。② 在格罗普看来,对向心犯的边缘参与的不罚性基础与离心犯的边缘参与的不可罚性基础并无二致。③

4. 强制状态下特别参与的不可罚性

格罗普认为某些处于强制状态下的行为,刑法并没有把它作为犯罪行为,例如他认为基于人的渴望自由的天性,囚犯自行脱逃的行为不构成犯罪,那么这种处于强制状态下的教唆正犯纵放自己的间接自我脱逃行为的特别参与也不具有可罚性。

5. 关联行为特别参与的不可罚性

格罗普基于不可罚前行为和不可罚后行为的原理,某些关联行为的行为人无法构成该犯罪类型的正犯。他举例说,赃物罪对于财产犯而言是关联行为,为确保自己的犯罪所得而为的处分财物行为无法构成赃物罪。他还认为这种不可罚的理由,不仅适用于直接关联行为的情形,也适用于间接透过他人参与关联行为的情形。例如,处分自己所得犯罪之物不构成赃物罪,则教唆他人为自己处分赃物也不会构成教唆赃物罪。④ 在笔者看来,格罗普归纳的这种不罚类型并无多少新意,这种情形完全可以用期待可能性思想加以说明。

五、德国实务上关于必要共犯的见解

关于必要共犯的核心问题,相较于德国刑法理论上的令人眼花缭乱的多样性学说,德国实务界的态度较为保守,所认定的不可罚的范围相对窄一些,但其立场

---

①② 林书楷:《论犯罪之典型加工——必要共犯理论之研究》,(新北)辅仁大学博士论文,2005年,第116页。

③ 林书楷:《论犯罪之典型加工——必要共犯理论之研究》,(新北)辅仁大学博士论文,2005年,第117页。

④ 林书楷:《论犯罪之典型加工——必要共犯理论之研究》,(新北)辅仁大学博士论文,2005年,第118页。

第一章 对向犯的理论溯源——必要共犯理论的梳理

具有一致性。德国实务界的见解,以"最低程度共同加工理论"为核心。该理论认为,在实现构成要件所必要的最低程度加工的范围内,必要共犯(对向犯)的行为是不可罚的。[①] 一般认为,德国在1882年帝国法院的一项判决中清楚地建立了"最低程度共同加工"理论的轮廓。该判决是这样阐述的:如果债权人的受利只是因为单纯地接受了债务人任意提供的担保或债务的清偿,则债权人的行为只是局限于保持在一个所谓的"必要共犯"的角色上,因而是不可罚的。但是,如果债权人逾越了此等程度的消极角色,比如教唆债务人实施使自己得利的行为,此时则仍应适用刑法总则共犯的规定。[②]

在这个判决之后,德国早前的帝国法院以及现在的联邦最高法院,几乎无一例外地根据"最低程度共同加工"理论来处理必要共犯的相关案例。但是令人不解的是,这项理论尽管为实务界所创设,但对为什么必要参与者只要没有逾越实现构成要件的最低程度共同加工行为就不可罚的理由却没有只言片语的说明。后来,支持德国实务界这项见解的学者洛克辛(Roxin)发表了关于这项必要共犯不可罚性的理由:在对向犯的情形,立法者如果有意同时处罚两边的参与者时,总是会明确地予以规定,因此如果立法者仅明文规定处罚对向犯的一方时,则基于反面推论,至少应该得出属于构成要件所必要的最低程度参与行为是不可罚的结论。[③]

依据"最低程度共同加工理论",如果必要参与人已经逾越了实现构成要件的最低程度的共同加工,则可以用总则的共犯规定对之进行处罚。问题是,什么样的行为才算逾越了这一最低限度呢?对此,德国实务上的一般理解是,如果必要参与者以角色逾越的方式实施了教唆或帮助行为,一律属于逾越实现构成要件所必要的行为,仍有被论以罪责之可能。前者如债权人教唆债务人把财产处分给自己、嫖客或妓女教唆他人为其媒介性交等,后者如被拘人犯在自行脱逃时,顺道打开其他人犯的牢房,但他其实无意借助其他人犯的协力来逃脱的情形即是。[④]

需要指出的是,德国实务界认为,在必要参与者的行为逾越"最低程度共同加工"的情形下,也并非就一定成立共犯,倘若必要参与者是构成要件的保护对象,即使该参与者施以教唆或帮助行为,仍然排除可罚性。对此,可以重利罪为例加以说明。如果被重利剥削的被害人教唆他人放高利贷于自己,尽管此时他的教唆行为已然逾越了重利罪构成要件的最低程度共同加工行为,但由于它是重利罪构成要件所保护的对象,因而该必要参与人(被害人)仍然不具有可罚性。

[①] 林书楷:《论犯罪之典型加工——必要共犯理论之研究》,(新北)辅仁大学博士论文,2005年,第123页。

[②] 林书楷:《论犯罪之典型加工——必要共犯理论之研究》,(新北)辅仁大学博士论文,2005年,第124页。

[③④] 林书楷:《论犯罪之典型加工——必要共犯理论之研究》,(新北)辅仁大学博士论文,2005年,第127页。

第二节　必要共犯概念与我国共犯体系的内洽

一、必要共犯概念的域外考察

1805年,德国学者斯蒂贝尔提出"必要共犯"这一概念,历经刑法理论二百多年的发展,现在已经成为一种约定俗成的说法。尽管学界也有学者质疑这种名称的准确性[①],但学界多数学者还是使用"必要共犯"这一称谓,况且,使用这一称谓和其他的称谓在实质意蕴上并无差别,并不会引发歧义,故本书在名称采纳上仍使用"必要共犯",并加以简单说明。为展现"必要共犯"这一概念的实质内涵,笔者先对域外学者的观点进行介绍和简要的评价,然后再结合我国的理论框架进行分析。

（一）德国学者观点概述

必要共犯的概念最早发源于德国[②],1805年斯蒂贝尔在其著作《论犯罪的构成要件》中首次提出类似必要共犯的一种犯罪类型,这种犯罪类型以多数人参与为必要,并举互殴罪与肉体上的侵犯为例加以说明,虽然他没有明确提出必要共犯这一概念,但理论上仍认为其见解是必要共犯概念的滥觞。[③] 明确提出必要共犯这个概念的学者是德国的赫福尔,及至1869年,德国学者许策把必要共犯明确地理解为一种以多数人共同加工行为为必要的犯罪类型,必要共犯的概念得以正式确立,后来的理论界多采用这种观点。至于对必要共犯概念的具体界定,则由于学者的理解角度的不同而稍有差异。

新派刑法理论的集大成者李斯特教授认为,必要共犯是一种需要多人共同协作的犯罪。这种必要共犯包含了两类犯罪,其一是行为彼此相互影响的必要共犯,如决斗罪即为典型;其二是行为一致对外的必要共犯,典型的如暴乱、叛乱。耶赛克则把必要共犯理解为在实现构成要件的概念上必须有数人参与的犯罪类型。

---

① 我国台湾地区的林山田教授称之为"必要参与犯"（参见林山田：《刑法通论》(下),北京大学出版社,2012年版,第92页）；林书楷博士则认为称之为"典型共同加工"为宜（参见林书楷：《论罪之典型加工——必要共犯理论之研究》,(新北)辅仁大学法律系博士论文,2005年,第145—150页）。

② 虽然这一概念经过相当长时间的发展取得了不少的研究成果,但在德国理论界,仍然认为必要共犯理论还有相当大的活力,还存在不少理论发展空间,甚至被学者们形象地比喻为刑法理论体系中相当年轻的"嫩枝"。

③ 参见李岚林：《对向犯研究》,武汉大学博士论文,2014年,第17—18页。

罗可辛教授把必要共犯的情形称为"必要的参加人","必要的参加人是一种这样的现象:一个犯罪是以多人的参与为条件",并将这种现象分为两类,聚众犯罪和对向犯罪。认为在聚众犯罪中,多人对构成行为的贡献是以相同的方式和方向在谋求对法益的侵害,而对向犯罪中,是多名参与人从相互对立的方向来谋求同一个目标。①

笔者认为,德国刑法理论上对必要共犯的定义在不同阶段的侧重点不同,可以分为两个阶段,从1805年斯蒂贝尔提出必要共犯概念到1869年,学者们把必要共犯定义为一种多数人参与为必要的犯罪类型,即强调参与主体为多数的必要性。自1869年许策摆脱前人的复数行为人必要性框架之后,学者们则把必要共犯定义为多数人共同加工为必要的一种犯罪类型,即不仅仅强调参与主体的多数性,而且也强调共同加工行为的必要性。

(二)日本学者观点概述

在日本也有不少学者对必要共犯理论进行了比较深入的研究,观察日本研究必要共犯的文献可以发现,多数学者提出任意共犯这一概念来辅助理解必要共犯。就对必要共犯的定义来看,学者们的观点尽管表述各异,但究其实质则几无差别。例如,日本著名的少壮派刑法学教授松宫孝明认为:"有些犯罪从一开始就无法被单独实施。例如,内乱罪和骚乱罪,如若没有众多人一同实施暴动或者暴行、胁迫就不成立。受贿罪,如果没有行贿人就不会成立。这种情形称为必要的共犯,以区别于犯罪可以单独实行之任意的共犯。"②形式犯罪论的坚守者大谷实教授认为:"必要共犯就是指在构成要件的性质上,最初就是预定由数个行为人所实施的犯罪。"③平野龙一先生的高足西田典之教授认为:"将分则所规定的单独犯既遂类型的处罚范围,根据刑法总则的规定加以扩张的,称为任意性共犯;除此之外,分则的其他犯罪类型本身便规定了多数人的参与形态,将此加以类型化的,称为必要共犯。例如内乱罪、骚乱罪、受贿、行贿罪等就属于必要共犯。"④野村稔教授认为:"刑法分则里规定的大部分犯罪是能够单独实行的犯罪,但是也有根据犯罪构成要件上要求只有复数的人才能实行的犯罪,后者是已经预先设定了,该犯罪构成要件的实现是取决于复数的人去实施犯罪行为,叫作必要的共犯,而前者是偶尔复数的人涉及能够单独实行的犯罪,叫作任意的共犯。"⑤从以上对日本刑法学者观点

---

① 转引自李岚林:《对向犯研究》,武汉大学博士论文,2014年,第18页。
② [日]松宫孝明:《刑法总论讲义》(第4版补正版),钱叶六译,中国人民大学出版社2013年版,第188页。
③ [日]大谷实:《刑法讲义总论》(中译本),黎宏译,法律出版社2008年版,第296页。
④ [日]西田典之:《日本刑法总论》(中译本),刘明祥、王昭武译,中国人民大学出版社2007年版,第309页。
⑤ [日]野村稔:《刑法总论》(中译本),全理其等译,法律出版社2001年版,第379页。

的介绍可见,学者们对必要共犯的定义似乎无多大争议,除了继受德国学者的观点强调必要共犯同时以复数主体为必要和共同加工行为为必要之外,他们似乎也特别强调必要共犯是由刑法分则预先设定这一特征。

(三)其他相关学者观点概述

韩国刑法理论上一般认为,必要共犯是指构成要件本身已经以二人以上参与或团体行为为前提成立的犯罪。① 意大利刑法学者一般认为,刑法分则规定的犯罪中,有的犯罪必须有由多个主体的共同加工行为才能构成,如果只存在一个犯罪主体,那么犯罪就不能成立。这种情况就是理论上所谓的"必要共犯",或者更确切地说是必须以多个主体为存在前提的"必要的多主体构成"。② 显而易见,韩国和意大利刑法也强调必要共犯的构成以复数主体的共同加工行为为必要。

二、国内学者的观点争鸣

(一)大陆学者的见解

在我国大陆刑法学界,也有一些学者对必要共犯的有关问题进行了较为深入的研究,下面对几种有代表性的观点进行简要的介评。

马克昌教授在其主编的《刑法学》里对必要共犯进行了研究,他把刑法分则明文规定的必须有二人以上共同故意实施的犯罪称为必要的共同犯罪。③ 陈兴良教授认为,"必要的共同犯罪是指刑法规定只能由二人以上构成的犯罪。因此,这种犯罪不可能由一人单独构成,而是以二人以上共同实行为必要条件的犯罪。必要的共犯因为是由刑法分则明文规定的,因此在刑法理论上又称为分则性共同犯罪"。④ 张明楷教授认为,"必要的共犯,是指刑法分则所规定的,必须由二人以上共同实行的犯罪"⑤,必要共犯包括对向犯、聚众共同犯罪和集团共同犯罪三种情形。黎宏教授认为,"所谓必要共同犯罪,是指刑法分则规定二人以上才能构成的犯罪"。黎教授同样认为必要共犯又可细分为三种类型,即对向性共同犯罪、聚众性共同犯罪和集团性共同犯罪。从上面所列举的几种大陆刑法学界有代表性的定义来看,各种观点之间其实大同小异,并无大的分歧,一致认为要成立必要共犯,至

---

① [韩]李在祥:《韩国刑法总论》(中译本),韩相敦译,中国人民大学出版社 2005 年版,第 368 页。
② [意]杜里奥·帕多瓦尼:《意大利刑法学原理》(中译本),陈忠林译,法律出版社 1998 年版,第 338 页。
③ 马克昌:《刑法学》,高等教育出版社,2003 年版,第 167 页。
④ 陈兴良:《共同犯罪论》,中国社会科学出版社 1992 年版,第 146 页。
⑤ 张明楷:《刑法学》(第三版),法律出版社 2007 年版,第 311 页。

少需要有两个以上行为人的参与实施行为,在这一点上和我国台湾地区刑法学界的看法是一致的。

值得注意的是,在我国刑法学界,一直存有否认必要共犯的观点。例如,我国台湾地区的黄荣坚教授就认为必要共犯概念并无存在的意义,他在其著述中提出:"所谓必要共犯,既然是刑法分则所规定犯罪类型之中以数人共同犯罪为构成要件,那么关于行为人是否构成此一犯罪,以及其刑事责任范围如何,完全属于刑法分则个别条文解释问题。……基于上述可知,所谓必要共犯,是刑法分则个别条文的构成要件解释问题,而与刑法总则规定的共犯概念无关。因此,不论是必要共犯概念下所谓的聚合犯或对向犯,其犯罪构成之论证都没有适用刑法第二十八条共同正犯规定及概念之余地。结论是,必要共犯概念并无存在的意义。"[①]而我国大陆刑法学者刘明祥教授认为,必要共犯是指刑法规定以二人以上共同犯罪为成立要件的犯罪。刘教授认为必要共犯的理论基础是资产阶级学者所主张的行为共同说这种主观的共犯理论,行为共同说的观点不符合我国刑法的规定,有悖于我国主客观相统一的犯罪构成理论,认为我国刑法中存在必要共犯的观点,不仅与刑法规定不符,而且对司法实践极为有害。[②]

笔者并不赞同黄、刘二位教授的观点,首先黄教授认为必要共犯仅仅是刑法分则个别构成要件的解释问题,与刑法总则规定的共犯概念无关,这种观点无视必要共犯独特的形成结构,必要共犯是刑法分则预设的必须有二个以上行为人的参与行为才能完成的一种犯罪类型,这种犯罪类型区别于一人即可实现构成要件的任意共犯类型,必要共犯也并非仅仅属于刑法分则个别构成要件的解释问题那么简单,必要共犯不仅仅具有作为一种类型化概念存在的意义,而且从法解释学上看也有其独特的价值,既牵涉刑法总则和分则的关系问题,也牵涉刑法的目的、刑法的谦抑性品性等问题。其次,对于黄荣坚教授所提出来的作为必要共犯下位概念的聚合犯或对向犯,其犯罪构成的论证都没有适用刑法共同正犯规定及概念之余地的说法,笔者以为,聚众犯(聚合犯)和对向犯尽管在一般情况下排除刑法总则共犯规定的适用,但也并非完全没有适用的余地,例如,对于必要共犯的内部参与者之外的其他行为人的参与行为,尽管在理论上有否定的观点[③],但多数学者还是持肯定观点的,例如大谷实教授认为:"……但是,如骚乱罪中,在暴动集团之外,教唆他人参加暴动的场合,对该教唆行为,认为不值得处罚,确属不当;同时,认为必要共犯的处罚效果波及集团以外的人,理论上也难以找到根据,所以,在必要共犯

---

① 黄荣坚:《基础刑法学》(下),中国人民大学出版社2009年版,第489页。
② 参见刘明祥:《我国刑法没有规定必要共犯》,载《法学杂志》,1990年第3期,第22页。
③ 例如日本刑法上有否定说认为,集团犯是意图在一定形态和限度上对参与集团行动的人进行处罚,因此对以上述形态之外的参与行为应当置于处罚之外。参见[日]大谷实:《刑法总论》,黎宏译,法律出版社2003年版,第297页。

关系者以外的人对必要共犯施加影响的场合，原则上应适用共犯的规定处理，例如，对教唆、帮助准备凶器集合罪的行为，第三人教唆、帮助实施受贿罪行为的，都应适用共犯的规定处理。"①在日本，持此肯定观点的还有平野龙一、西原春夫、曾根威彦等一些顶尖刑法学者。由此可见，黄教授的观点的确值得商榷。最后，笔者以为刘明祥教授否定我国刑法中存在必要共犯概念的说法是站不住脚的，刘教授立论的基点在于认为必要共犯存在的基础是德日刑法的主观主义的行为共同说理论，而我国坚持的是主客观相统一的犯罪共同说理论。实际上，就国外刑法理论来看，有不少主张客观主义的刑法学者也主张行为共同说的观点，也有一些学者基于其主张的主观主义刑法理论而赞同犯罪共同说的观点，目前在我国刑法理论界也有一些刑法学者从以前坚持的犯罪共同说转而支持行为共同说，由此可见，行为共同说可以容纳必要共犯的观念，犯罪共同说也并不天然排斥必要共犯的观念，在我国如若采用最广义的共犯观念，则必要共犯仍可在我国共犯体系下找到其生存空间，承认我国刑法中存在必要共犯概念，也并不会出现刘明祥教授担心的"引入必要共犯与我国刑法规定不符且对司法实践有害"的局面。

总之，笔者以为必要共犯概念的存在还是有其独特的理论价值的，国外也有刑法学者指出："尽管如此，在学说上所以要把必要共犯提到议事日程上来，是因为保存必要共犯概念的地位会推导出有考虑价值的原则。例如法律只惩罚所谓必要参与的二人中的一个人时，另一个人即使是进行了超过概念上所必要的行为也不应受惩罚的原则就属于这种情况。"②从该学者的论述来看，他认为必要共犯存在的价值就是必要的参与者未必总是可罚的，其思考的逻辑起点在于如果作为正犯都不处罚的人，就更没有理由多作为教唆犯或从犯的人处罚。

（二）台湾学者的基本思维

我国台湾地区的学者对必要共犯内涵的表述也是仁者见仁，智者见智，并未取得一致意见。洪福增教授认为，必要共犯是在构成要件性质上必须有数人的参与行为才能完成犯罪的情形，至于数人的参与形式，他认为包括互相对立、呼应或互相交错、补足的情形。洪教授同时认为，必要共犯的各个参与者之间在内部关系上，必要参与者即使符合教唆犯或帮助犯的情形，也排除刑法总则关于共犯规定的适用；必要共犯的必要参与者以外的人参与必要犯罪关系时，自然应适用刑法总则关于共犯的规定。③ 林山田教授认为，刑法分则规定的犯罪中，有极少数的故意犯罪，其不法构成要件的实现，至少需要以两个以上的行为人的参与，这种不法构成

---

① 参见[日]大谷实：《刑法总论》，黎宏译，法律出版社2003年版，第297页。
② 参见[日]泷川幸辰：《犯罪论序说》，王泰译，法律出版社2005年版，第155页。
③ 参见洪福增：《论必要共犯》，载《刑事法杂志》，第29卷第2期，第35-36页。转引自李岚林：《对向犯研究》，武汉大学博士论文，2014年，第20页。

要件的犯罪,就是刑法学说上所称的必要的参与犯。① 韩忠谟教授认为,在犯罪性质上如果不具有二人以上的共同关系就无法成立的是必要共犯。② 甘添贵教授认为,必要共犯是指某种犯罪需要有二人以上之参与实施才能成立的情形。③ 黄荣坚教授认为:"相对于任意共犯,学说上还有所谓的必要共犯的概念,意指刑法分则所规定之某一特定犯罪类型,其犯罪构成的本身即以数人共同参与其不法行为为要件,因此如果不是数人参与,根本不具备不法构成要件该当性。"④

从以上台湾各位学者对对向犯的定义来看,各位学者的观点并无本质分歧,都强调必要共犯的构成以二人以上的共同参与行为为必要,只不过有的学者从构成要件的角度加以论述,有的学者从犯罪性质是所具有的共同关系的角度来论述,有的学者对必要参与人的关系进行了简要的概括。

值得一提的是,台湾地区实务上的一则判决对必要共犯做了体系化的说明,这则判决被认为是一项引领必要共犯理论发展的判决,台湾地区关于必要共犯的学说也常常以这则判决作为讨论的重心。在此,笔者全文引述这一判决,并做简要评价。

"共犯在学理上,有'任意共犯'和'必要共犯'之分,前者指一般原得由一人单独完成犯罪而由二人以上共同实施之情形,当然有刑法总则共犯规定之适用;后者是指须有二人以上之参与实施始能成立之犯罪而言。且必要共犯依犯罪之性质,尚可分为'聚合犯'与'对向犯',其二人以上朝同一目标共同参与犯罪之实施者,谓之'聚合犯',如刑法分则之公然聚众施强暴、胁迫罪、参与犯罪结社罪、轮奸罪等是,因其本质上即属共同正犯,故除法律依其首谋、下手实施或在场助势等参与犯罪程度之不同,而异其刑罚之规定时,各参与不同程度犯罪行为者之间,不能适用刑法总则共犯之规定外,其余均应引用刑法第二十八条共同正犯之规定。而'对向犯'则是二人或二个以上之行为者,彼此相互对立之意思经合致而成立之犯罪,如贿赂、赌博、重婚等罪均属之,因行为者各有其目的,各就其行为负责,彼此间无所谓犯意之联络,苟法律上仅处罚其中部分行为者,其余对向行为纵然对之不无教唆或帮助等助力,仍不能成立该处罚行为之教唆、帮助犯或共同正犯,若对向之二个以上行为,法律上均有处罚之明文,当亦无适用刑法第二十八条共同正犯之余地。"⑤

---

① 由于林山田教授认为共犯只包括教唆犯和帮助犯两种类型,必要共犯并不在其研究的共犯体系之内,所以林山田教授把必要共犯改称为必要的参与犯。
② 参见韩忠谟:《刑法原理》,中国政法大学出版社2002年版,第297页。
③ 参见甘添贵:《刑法案例解析》,瑞兴图书股份有限公司1999年版,第165页。
④ 黄荣坚:《基础刑法学》(下),中国人民大学出版社2009年版,第488页。
⑤ 转引自蒋薇君:《论对向犯》,(台北)中正大学硕士论文,2006年,第17页。

从这则判例可见,台湾地区实务上和理论界一样,在研究必要共犯时提出以任意共犯做对照,在犯罪结构上,实务上也强调二人以上的参与实施才能成立必要共犯,但是对于必要共犯可罚与否这一核心问题,该判例并未作出明确说明不能不说相当遗憾。

三、两种理论进路的选择

仔细考察域外和我国刑法学者对必要共犯的定义就会发现,对于构成必要共犯需要"两个以上行为人的参与"这一基础性的要求,学者们并无异议,但是,对于这一基础性要求却存在大相径庭的两种理解方式。在德、日刑法学者看来,两个以上行为人的参与并不意味着两个以上参与者都构成犯罪。例如日本刑法规定的贩卖猥亵文书罪只处罚一方的情形,日本学者仍认为这种情况属于必要共犯;而中国刑法学界的通说则认为,两个以上参与者的行为都构成犯罪的才成立必要共犯。所以,有学者认为:"一方构成犯罪,而另一方可能不构成犯罪,如相婚者不知对方已有配偶而与其结婚时,对方虽构成重婚罪,但相婚者则不构成犯罪,这种情况虽仍称为必要共犯,但用语实属不妥。"①我们不禁要问,中外刑法学界对必要共犯的理解会出现如此大的分歧的原因何在?

依笔者看来,中外刑法学者之所以会出现对必要共犯理解上的差异,最主要的原因在于共犯体系的差异以及对于共同犯罪的不同理解所导致的。众所周知,大陆法系国家在不同的层次上使用"共犯"一词。一般认为,"共犯"一词可以作最广义、广义和狭义的不同理解。所谓最广义的共犯是指两个以上的行为人共同实现犯罪构成要件的情况,分为任意共犯和必要共犯两种类型;广义的共犯是指作为任意共犯的共同正犯、教唆犯和帮助犯;狭义的共犯是指教唆犯和帮助犯。由此可见,国外学者是在最广义共犯的层面上使用必要共犯这个词的,也就是说,他们所指称的必要共犯只是强调二人以上参与实施构成要件这一特征,不牵涉违法性和有责性的判断,因而,两个以上的参与人实施构成要件行为的,并不都必然地构成犯罪,换言之,他们所讲的必要共犯是一种前犯罪意义上的自然判断,仅仅是一种技术性的、功能性的概念。与此相反,我国学界把共犯理解为一种单层次的概念,认为共同犯罪是指二人以上共同故意犯罪,这样的话,就把共犯看作是一种后犯罪的实然性概念,在这样的理论背景下再认为必要共犯是与任意共犯相对应的一种共同犯罪形式,自然而然地把必要共犯理解为两个以上行为人的参与都构成犯罪的情形了。很显然,我国刑法理论上所讲的必要共犯与德、日刑法上的必要共犯不是同一个层面上的概念,我国的共犯概念的内涵和外延都较德日的最广义共

---

① 陈兴良:《论犯罪的对合关系》,载《法制与社会发展》,2001年第4期,第55—60页。

犯范围要窄一些,正是因为这个原因,从德、日引进过来的必要共犯这一概念在我国出现了水土不服的现象,也就成为逻辑上必然的结果了。①

关于共犯的本质,大陆刑法理论上从来就存在犯罪共同说和行为共同说的分野,一般认为客观主义的刑法理论是犯罪共同说的理论根基,这种理论认为犯罪的本质是侵害法益,认为共犯是二人以上共同对同一法益实施犯罪的侵害,共同犯罪必须是数人共同实行特定的犯罪,其中该理论内部又有完全的犯罪共同说和部分犯罪共同说之别。犯罪共同说以刑法因果关系学说的原因说为基础,用来说明广义的共犯,认为共同惹起犯罪结果成为引起犯罪结果原因的,是共同正犯,仅仅成为犯罪结果发生的条件的,是教唆犯或从犯。德国刑法学者毕克迈耶,日本刑法学者小野清一郎、泷川幸辰、团藤重光,是犯罪共同说的典型代表。与此相对,行为共同说则一般被认为是主观主义的犯罪理论,这种理论把犯罪是行为人恶性的体现作为思考的基点,把共犯理解为二人以上基于共同行为而各自实现自己的犯意,行为共同说以刑法因果关系的条件说为基础,认为从犯罪的客观面不能区别共犯,应当依据主观的标准来区分正犯、教唆犯和从犯。德国刑法学者布黎,日本刑法学者牧野英一、宫本英修、木村龟二等力主行为共同说。一般认为,行为共同说认定的共犯的范围比犯罪共同说要广,从一定意义上讲,德、日刑法中的最广义共犯可以用行为共同说理论加以说明,而犯罪共同说则可以用以说明广义的共犯。

在对必要共犯进行研究时,我们一定要正视我国刑法规定的共犯与德、日刑法共犯在概念和体系上的差异。德、日刑法理论是在最广义共犯的层面上研究必要共犯的,必要共犯的参与者不一定都构成犯罪,而我国刑法理论则是把必要共犯涵摄于我国刑法总则规定的共同犯罪的范畴内,认为必要共犯的参与者都构成犯罪。正是由于我国一些学者忽视了上述差异,所以在把国外的必要共犯这一概念引入我国刑法并把其置于我国的共犯体系进行研究时,才出现了一些理论上的混论。刑法理论上在对必要共犯进行研究时,为避免德、日必要共犯理论与我国共犯理论体系的不协调,学者们提出了两种理论进路来解决这一问题。

理论进路一:保持我国共犯概念的一元化体系,在共犯下面再区分为必要共犯和任意共犯两种,使必要共犯成为共犯的一个下位种概念。倘若做如此理解,传统上被认为是必要共犯的一些情形,就被排除在了共同犯罪之外。② 比如,我国传统刑法理论认为贩卖淫秽物品牟利罪是必要共犯,按照这种理论,由于刑法不处罚购买淫秽物品的一方,所以就会认为贩卖者与购买者不成立共犯关系。陈兴良教授实际上也秉持了这一理论思路,按照我国刑法理论通说的观点,我国刑法中规定的

---

① 参见吴振兴:《犯罪形态研究精要》,法律出版社2005年版,第655页。

② 有学者为了维持这种理论进路,引入了单独犯和复数犯的概念。具体参见吴振兴:《犯罪形态研究精要》,法律出版社2005年版,第659页。

聚众性犯罪是必要共犯的一种，但是，有的聚众性犯罪并不是处罚所有的参与者，而只处罚首要分子，此时，该聚众性犯罪就不符合我国刑法规定的共犯成立条件了。陈教授别出心裁地从对聚众犯罪分类的角度来解决这一问题，提出应当把我国刑法中的聚众犯罪划分为犯罪的聚众和聚众的犯罪两种情形。其中，犯罪的聚众是指属于共同犯罪的聚众，在这种情况下，不仅聚集者构成犯罪，而且被聚集者也构成犯罪；聚众的犯罪则是指属于单独犯罪的聚众犯罪，在这种情况下，只有首要分子构成犯罪，其他参加者不构成犯罪。①

理论进路二：承认共犯概念的多元化或层次化，引入德、日刑法的最广义的共犯概念。② 这种理论进路的特色在于既保持了我国传统刑法共犯理论的现有框架，又保留了德、日刑法中必要共犯概念的原貌。这种理论进路承认共犯概念的多层次化，认同德、日刑法理论上从最广义、广义和狭义的角度理解共犯的做法，把最广义的共犯看作是一种前犯罪判断的概念，即最广义的共犯仅仅是指两个以上的人共同去实施构成要件行为，并不意味着参与者都成立犯罪，在最广义共犯之下，再区分为必要共犯与任意共犯两类。由此，必要共犯的概念与最广义的共犯概念一样，都只是一种功能性或技术意义上的概念，并非一种实体性的概念。

比较上述两种理论进路，笔者认为，第一种理论进路基于共犯体系单一化的思考逻辑，试图使必要共犯内洽于我国共同犯罪的理论体系，将必要共犯统摄于我国刑法总则规定的共同犯罪内，这种做法实不足取。因为这种理论进路认为成立共犯是成立必要共犯的前提条件，这样就会把传统上被认为是必要共犯的一些情形——比如刑法规定的只处罚一方的对向犯排除在共同犯罪之外，人为地、不恰当地缩小了必要共犯的范围，这样势必抽掉了必要共犯的存在基础，丧失了其理论价值，不免给人以削足适履之感。第二种理论进路则值得肯定，因为它维持了我国现有的共犯理论体系，而且由于它引入的最广义共犯概念早已被我国刑法学者熟知，容易被研究者接受而不致有突兀之感。

综合上述，笔者以为对必要共犯概念的把握，应从最广义共犯的角度来理解。由于学界多认必要共犯包含聚众犯和对向犯两种类型，所以必要共犯的概念必须能把聚众犯和对向犯统摄其下，无论是聚众犯还是对向犯，都必须具备的基础是二人以上的行为主体参与实施犯罪构成要件行为。另外，一般认为，任意共犯是由刑法总则规定的，必要共犯则是由刑法分则规定的，由此，本书将必要共犯定义为：刑法分则规定的必须由二个以上的行为主体参与实施构成要件行为的犯罪形式。在理解这个概念时要注意的是，必要共犯仅仅是一种功能性、技术性的概念，它是一

---

① 参见陈兴良：《刑法适用总论》（上卷），法律出版社1999年版，第492—493页。
② 李岚林博士的论文即采纳了这种理论进路的做法。

种前犯罪的自然意义上的判断。① 两个以上的行为主体参与实施犯罪构成要件行为,并非是指所有参与者都构成犯罪,而仅仅是从观念上看必须由二人以上的参与实施才能完成某种犯罪行为。必要共犯具有分则规定性这个特征。

第三节 "必要性"的再解读

一、狭义的必要性与广义的必要性观点聚讼

相对于任意共犯而言,必要共犯必须有复数行为主体的存在,这一点在理论上素无异议。需要进一步检视的是必要共犯的"必要性"究竟意指若何？有学者认为这个问题牵动着整个必要共犯理论的发展走向。② 在必要共犯概念之下又有聚众犯和对向犯两种类型③,倘若以复数行为主体的存在作为聚众犯这种必要共犯的必要性基础,在理论上还可以解释得通,但把它作为对向犯这种必要共犯的必要性基础,在解释上难为精当。"因为在许多的对向犯构成要件当中,参与该对向行为的一方往往为另一方的被害人,或是仅为弱势之参与者,并非犯罪行为主体。"④从犯罪构成要件上看,刑法中规定的很多犯罪,尤其是侵害个人法益类型的犯罪,都必须有行为人与被害人的存在才能成立该犯罪,换言之,客观上至少要有二人以上的存在,对很多构成要件而言都是必要的。由此我们可以肯定的是,必要共犯的必要性不是指犯罪构成要件涉及人数上的必要性,否则,像杀人罪、盗窃罪等很多存在行为人与被害人的犯罪,都会被认为是必要共犯,这样的必要共犯概念恐在刑法上就不具有任何意义了。

那么,必要共犯的必要性是否指"复数行为主体的必要性"呢？在对向犯中,关于这个问题理论上有所谓狭义的必要性概念和广义的必要性概念的争议。狭义的必要性概念也可称为"与行为相关"的必要性概念,是指在必要共犯中,除了主犯罪人本身之行为外,还必须存在其他参与人所为之实现构成要件所不可或缺的互补行为,否则该必要共犯即不可能成立。⑤ 由此可见,狭义的必要性概念是

---

① 参见李岚林:《对向犯研究》,武汉大学博士论文,2014年,第30页。
② 参见蒋薇君:《论对向犯》,(台北)中正大学硕士论文,2006年,第27页。
③ 德、日刑法学上常常把必要共犯划分为聚众犯和对向犯两类,我国刑法学上则有不同的看法。
④ 参见林书楷:《论犯罪之典型共同加功——必要共犯理论之研究》,(新北)辅仁大学博士论文,2005年。第33页。
⑤ 林书楷:《论犯罪之典型加工——必要共犯理论之研究》,(新北)辅仁大学博士论文,2005年,第34页。

指"多数人共同加工行为的必要"。在德国刑法学者弗罗伊登塔尔首次把必要共犯区分为聚众犯和对向犯两种犯罪类型之后,学界通常认为聚众犯和对向犯的共同点在于在构成要件上都以数参与人的共同加工为其前提要件,区别点在于参与人加工方向的不同。即聚众犯是从相同方向、往相同目的加工;对向犯则是由不同方向、往相同目的加工。① 学者多采用狭义的必要性概念。与此相对应,广义的必要性概念,并不要求必须以相对人实现构成要件所必要的互补加工行为为必要,而仅仅将必要性宽泛地解读为"人之行为客体"的必要。把必要性解读为构成要件的实现除了行为人之外,还必须具有另外一位相对人,即"人的行为客体"的必要,不要求相对人具有对行为人实现构成要件的互补或共同加工行为。② 一般而言,若对必要共犯的"必要性"采用广义的必要性概念,就会对必要共犯的核心议题采用个别构成要件解释的处理模式,而反对将必要共犯作为排除犯罪参与的一般性不可罚事由的见解。因为唯有如此,才能消除采取广义必要性概念而带来的扩大必要共犯范围而引致的刑事处罚漏洞的担心。因为广义的必要性概念将"必要性"理解为"人的行为客体"的必要性,如此一来,诸如故意杀人罪、故意伤害罪、侮辱罪等,在外形上将符合必要性的要求,对必要性做这样宽泛的解读将完全使必要共犯丧失类型化的意义。③

二、笔者之浅见

比较而言,笔者认为在承认必要共犯概念的前提下,应采用狭义的必要性概念而舍弃广义的必要性概念,即必要共犯必须有其他参与人的实现构成要件所不可或缺的共同加工行为才有可能成立。比如,日本刑法上规定的受嘱托杀人罪,如果没有被害人的嘱托杀死自己的补充加工行为,则不会满足受嘱托杀人罪的构成要件,因而属于必要共犯。相反,对于普通杀人罪而言,就杀人行为本身而论,并不需要被害人的补充行为,因而其不属于必要共犯。对于聚众犯而言,"必要性"是指复数行为主体的必要性这一点当无异议,但需进一步深究的是,是否仅仅以存在复数行为主体这种必要性即为已足?有观点认为,对于聚众犯必要共犯的必要性,仅要求复数行为主体的集合即可,对于复数行为主体的行为不加以要求,即使产生形成聚众犯数行为人彼此间行为形式不一致的情形也不影响其成立。④ 但笔者以为,聚众犯这种必要共犯的"必要性"同对向犯的必要性基础应做相同的理解,因

---

① 参见李岚林:《对向犯研究》,武汉大学博士论文,2014年,第31页。
②③ 林书楷:《论犯罪之典型加工——必要共犯理论之研究》,(新北)辅仁大学博士论文,2005年,第36页。
④ 参见李岚林:《对向犯研究》,武汉大学博士论文,2014年,第31页。相同的观点另见蒋薇君:《论对向犯》,(台北)中正大学硕士论文,2006年,第28页。

第一章 对向犯的理论溯源——必要共犯理论的梳理

为聚众犯这种必要共犯不仅仅只需要复数行为主体即为已足,仍需有复数行为主体的共同加工行为才能实现构成要件的要求。

第四节 必要共犯类型的再省察

一、国外刑法学者的分类综览

对必要共犯的分类,在德国和日本刑法学理论上也稍有分歧,主要有二分法和三分法的区别。

(一)二分法

在德国,自 1901 年弗罗伊登塔尔在其著作《必要的共犯》中首次提出把必要共犯区分为聚众犯和对向犯两种类型以来,这种分类法一直广为刑法学者采纳,成为刑法学说上的通说观点。[①] 如德国刑法学者汉斯·海因里希·耶赛克、托马斯·魏根特就认为:"必要共犯被划分为集团犯和偶遇犯。"[②] 李斯特认为必要共犯包括行为彼此相互影响的犯罪和行为一致对外的两种类型。[③] 二分法在日本刑法上也得到了多数学者的赞同,按照行为人的行为方向是同一的还是相对的,日本学者把必要共犯分为集团犯和对向犯,所谓集团犯(集合犯、多众犯)是指在构成要件上以指向同一目标的多数人的共同行为为必要的犯罪,例如内乱罪、骚乱罪之类的犯罪,一般是着眼于其集团性的群众心理,根据参与的程度、形态设置阶段,对参与人进行处罚。所谓对向犯,正如重婚罪、贿赂罪,是在构成要件上,以两个以上的人的相互对向的行为为必要的犯罪。采取这种分类方法的学者有左伯千仞、大谷实、山中敬一、大塚仁、西田典之、野村稔等一批著名刑法学者。[④]

(二)三分法

日本也有少数学者主张将必要共犯分为三类。柏木千秋教授最早在其著作中将必要共犯分为众合犯、合同犯和对向犯。柏木教授之所以再将众合犯、合同犯进行区分,主要理由在于他认为虽然将二者称为众合的犯罪,但狭义的众合犯从其被

---

① 参见蒋薇君:《论对向犯》,(台北)中正大学硕士论文,2006 年,第 28 页。
② 德语中,Konvergenzdelikt 有学者译为集团犯,有学者译为聚众犯;Begegnungsdelikt 有学者译为偶遇犯,有学者译为对向犯,笔者在本书中以聚众犯和对向犯称之。
③ [德]李斯特:《德国刑法教科书》,许久生译,法律出版社 2000 年版,第 360 页。
④ 参见张忠仁:《试论德日刑法中的必要共犯理论》,载《云南大学学报》(法学版),2007 年第 2 期,第 132-136 页。

作为刑罚法规而具有的特殊性而言,与单纯的合同犯区别比较恰当。柏木教授认为,有的犯罪虽然以数人的合同性行为作为构成要件的内容,但是,没有进行内部的类型化,因而提出合同犯的概念予以区别。合同犯既不需要二人以上行为人的共同行为处在对向关系上,也不需要像多众犯那样具有集团性质的犯罪,例如,谈合罪、凶器准备集合罪等就是典型的合同犯。① 韩国刑法学上,通常也把必要共犯分为聚众犯和对向犯两类。②

意大利刑法学上对必要共犯的分类别具特色,一般根据法律是否对必要共犯各方都予以处罚可以把必要共犯分为两种情况:第一种是所谓的"纯正的必要共犯",这种情况是指基于法律明文或者默示的规定,对所有共同犯罪的共同加工者都无例外的一体处罚的情形。典型的如《意大利刑法典》第416条第1款规定的组织犯罪集团罪和该法第556条第1款规定的重婚罪。第二种是所谓的"不纯正的共犯",这种情况是指法律规定只处罚某个或某几个共同犯罪的参与者的情形。典型的有《意大利刑法典》第558条第1款有关乱伦罪的规定和该法第588条第1款有关斗殴罪的规定。③

二、我国刑法学者分类概要

在我国大陆刑法学界,多说学者主张将必要共犯区分为三种类型,即对向犯、聚合犯和集团犯。例如有观点认为:"刑法理论上一般将必要共同犯罪分为对向犯与平行犯两类,对向犯是指以存在二人以上相互对向性的行为为构成要件的犯罪,……平行犯是指以多人实施向着同一目标的行为为构成要件的犯罪,在我国刑法中包括聚众性共同犯罪与集团性共同犯罪两种情况。"④张明楷教授认为,在我国,必要的共犯包括对向犯、聚众共同犯罪和集团共同犯罪。⑤ 黎宏教授认为,必要共犯包括对向性共同犯罪、聚众性共同犯罪和集团性共同犯罪。⑥ 除此之外,也有学者认为我国刑法中的对向犯应该划分为两种类型,例如陈兴良教授认为"必要的共同犯罪,在理论上又可以划分为众合犯和对合犯。众合犯又叫共行犯,是指三人以上共同故意实施某一犯罪而构成的共同犯罪……,对合犯又称对行犯,是指

---

① 参见[日]大塚仁:《刑法概说》(总论),冯军译,中国人民大学出版社2003年版,第234-235页。
② 参见[韩]李在祥:《韩国刑法总论》,韩相敦译,中国人民大学出版社2005年版,第369页。
③ [意]杜里奥·帕多瓦尼:《意大利刑法学原理》,陈忠林译,法律出版社1998年版,第338页。
④ 参见马克昌:《刑法》,高等教育出版社2007年版,第158页。
⑤ 张明楷:《刑法学》(第三版),法律出版社2007年版,第311-314页。
⑥ 黎宏:《刑法学》,法律出版社2012年版,第281-282页。

互为犯罪对象而构成的共同犯罪。"①高铭暄教授主编的《新编中国刑法学》中的观点认为,必要共犯包括两种,一种是聚众性的共同犯罪,一种是有组织的犯罪。② 另外,齐文远教授主编的《刑法学》也认为,必要的共同犯罪在理论上主要包括两类:对向犯和多众犯。③

在我国台湾地区,多数刑法学者都把必要共犯分为聚众犯和对向犯两类。例如,林山田教授认为:"必要的参与犯可区分为聚合犯与对合犯。"④韩忠谟教授认为:"犯罪有在性质上非具有二人以上之共同关系即无由成立者,学理上称之为必要的共犯,按其内容又可分为对立犯与凑合犯。"⑤黄荣坚教授认为:"对于必要共犯,学说及实务上又有分类为所谓的聚合犯与对向犯。其二人以上朝同一目标共同参与犯罪之实施者,谓之聚合犯,……而对向犯则系二个或两个以上之行为人,彼此相互对立之意思经合致而成立之犯罪。"⑥另外,黄村力教授也把必要共犯分为两种类型,其所称的相对共犯实际上就是指对向犯,集合共犯实际上就是指聚众犯。⑦ 就笔者所接触到的资料看,台湾也有少数学者在聚众犯之下又再区分为聚合犯和合同犯两种。⑧

三、必要共犯类型的管窥之见

"对于一个概念之区别类型,目的在于使其内涵更加明确,但在法学研究上,类型之区分必具有区别之实益,否则对于概念之理解并无多大助益。"⑨依此理解,笔者认为德、日刑法学上把必要共犯区分为对向犯和聚众犯两种类型的通说观点是可以支持的。至于德、日有学者再把聚众犯区分为聚众犯与合同犯,由于不具有实质上的作用,对于理解必要共犯的概念没有多大助益,所以不为本书所采。我国刑法学上多数说认为应把必要共犯区分为对向犯、聚合犯和集团犯三种类型,笔者认为是否需要单列集团犯作为一种独立的必要共犯类型还有商榷的余地,因为学者们所谓的集团犯从本质上来讲仍然是一种以复数行为人人朝着同一目标而行动而实现构成要件的行为,集团犯这个概念完全可以被涵摄于聚众犯概念之下。

---

① 参见陈兴良:《共同犯罪论》,中国社会科学出版社1992年版,第146页。
② 参见高铭暄:《新编中国刑法学》(上册),中国人民大学出版社1998年版,第236页。
③ 参见齐文远:《刑法学》,北京大学出版社2011年版,第160页。
④ 参见林山田:《刑法通论》(下),2008年增订版,第152页。
⑤ 韩忠谟:《刑法原理》,中国政法大学出版社2002年版,第271页。韩忠谟教授在此所称的对立犯实际上就是对向犯,凑合反犯实际上就是聚众犯。
⑥ 黄荣坚:《基础刑法学》(下),中国人民大学出版社2009年版,第488-489页。
⑦ 参见黄村力:《刑法总则比较研究:欧陆法比较》,三民书局1997年版,第207页。
⑧ 参见甘添贵:《刑法案例解析》,瑞兴图书股份有限公司1999年版,第165-166页。
⑨ 参见蒋薇君:《论对向犯》,(台北)中正大学硕士论文,2006年,第28页。

无须将其与对向犯和聚合犯并列,所以,本书仍然把必要共犯区分为聚众犯和对向犯两种类型。笔者认为,聚众犯和对向犯在犯罪本质及犯罪形成结构上都有所不同,以下对聚众犯进行简要探析,以便和对向犯进行区别对照。

尽管学者们对聚众犯①的称呼不一,但其重点皆在于强调数行为人共同朝同一个犯罪目的的加工。例如,德国刑法学者耶塞克教授把聚众犯表述为:"在集团犯的情形下,同一方面的各个参与者的行为均指向同一目标,例如犯人暴动、非法侵入他人住宅的加重犯和结伙盗窃。"②罗克辛教授认为,聚众犯是多人以相同的方式和方向谋求对法益的侵害。日本的西田典之教授将聚众犯表述为:"将内乱这种指向同一方向的联动行为予以类型化的情形。"③大谷实教授把聚众犯定义为:"内乱罪、骚乱罪之类的在构成要件上,以指向同一目标的多数人的共同行为为必要的犯罪。"④大塚仁教授的表述是:"在犯罪的成立上需要指向同一目标的多种的共同行为。"⑤我国台湾地区的刑法学者林山田教授认为,聚众犯是指:"所有参与者均朝向同一目标,共同参与实施其所实现的不法构成要件的犯罪类型。"⑥洪福增教授认为聚众犯是以多数人向同一方向的目标而共同加工的多众行为为其构成要件的犯罪类型。⑦ 林钰雄教授认为聚众犯是指复数参与者之间,以同向实行不法构成要件的一种犯罪类型。⑧

从以上学者对聚众犯的表述来看,这些学者的定义尽管存有略微的差异,但其核心内容却并无二致。由此,我们可以归纳出聚众犯的三大特征,即复数的行为主体、对构成要件的共同加工行为、朝向同一目标。以下依次对这三个特征进行阐述。

(一) 复数的行为主体

现行的刑法理论体系都把聚众犯置于必要共犯之下进行研究,而具有复数的行为主体,是成立必要共犯的最基础要求,因而欲成立聚众犯,自然也要求具有复数的行为主体。如上所述,并非单纯的复数行为主体的结合就可构成聚众犯,构成聚众犯尚需同时具备两项特征:对构成要件的共同加工行为、朝向同一目标。

---

① 关于聚众犯,有的学者称之为聚合犯,有的学者称之为集团犯。
② [德]汉斯·海因里希·耶塞克、托马斯·魏根特:《德国刑法教科书》(中译本),徐久生译,中国法制出版社2009年版,第847页。
③ [日]西田典之:《日本刑法总论》,刘明祥、王昭武译,中国人民大学出版社2007年版,第309页。
④ [日]大谷实:《刑法讲义总论》,黎宏译,中国人民大学出版社2008年版,第359页。
⑤ [日]大塚仁:《刑法概说》,冯军译,中国人民大学出版社2003年版,第270页。
⑥ 林山田:《刑法通论》(下),北京大学出版社2012年版,第92页。
⑦ 参见蒋薇君:《论对向犯》,(台北)中正大学硕士论文,2006年,第29页。
⑧ 林钰雄:《新刑法总则》,中国人民大学出版社2009年版,第367页。转引自李岚林:《对向犯研究》,武汉大学博士论文,2014年,第34页。

(二)对构成要件的共同加工行为

一人单独实施犯罪构成要件的,绝无成立聚众犯之可能,仅有复数的行为主体也不足以构成聚众犯。从聚众犯的形成结构来考察,聚众犯的实质是复数的行为主体朝向达成目的的同一方向而共同加工实现犯罪构成要件的犯罪类型。详言之,在聚众犯内部,若分开来观察每个行为主体,则每一个行为主体都是亲自实施犯罪构成要件行为的,若从整体上来观察,则聚众犯可以看作是每一个实施构成要件行为的主体的集合体。[①] 值得研究的是,聚众犯的复数行为主体的共同加工行为是否要求彼此间居于某种确定的地位?对此,台湾的洪福增教授认为,不必相互对立或对向、也不必朝向共通之结果而实施,只要行为是复数的,是由复数行为主体共同参与而发者即可。[②] 笔者以为,洪教授的观点值得支持。

(三)朝向同一目标

李岚林博士指出,学者们在对聚众犯的内涵进行界定时,不少人使用了"朝向同一目标"的表述,但是这里的"朝向同一目标"究竟意指若何,却大多语焉不详,鲜有学者对此做进一步的论述。[③] 台湾洪福增教授在他的一篇论文《论必要的共犯》里对此略有涉及,洪福增教授论述道:"此共同加工之多众行为……不以互相对立或对向为必要,亦不以向着共通的结果而共同实施为要件……"[④] 从洪教授寥寥数语的论述中可以看出,他不认为聚众犯的行为方向以朝共同的结果为必要,即不要求行为方向的同一,既然如此,那他所称的同一方向的目标又该做何理解呢?洪教授对此语焉不详,在他的其他论著中对此也再无进一步的补充说明。而德国刑法学家罗克辛教授对此问题有比较明确的说明,他认为行为主体所为行为之效应必须相同的朝向对法益侵害之方向而发生,即行为侵害对象法益这个行为历程,在聚众犯之结构中必须复数行为主体所侵害之方向相同始可。[⑤] 通俗地讲,罗克辛教授认为聚众犯的各个参与人的对构成要件的加工行为在对法益的侵害方向上有一致性即可,而不要求各参与人的行为方向必须同一。无论是聚众犯还是对向犯,就各个参与人的行为对法益的侵害方向而言,二者并没有区别,都是行为人从同一方向而发动对法益的侵害的。

[①②] 参见蒋薇君:《论对向犯》,(台北)中正大学硕士论文,2006年,第30页。
[③] 李岚林:《对向犯研究》,武汉大学博士论文,2014年,第36—37页。
[④] 洪福增:《论必要的共犯》,载《刑事法杂志》,1985年第2期(总第29卷),第37页。转引自蒋薇君:《论对向犯》,(台北)中正大学硕士论文,2006年,第31—32页。
[⑤] 参见蒋薇君:《论对向犯》,(台北)中正大学硕士论文,2006年,第32页。

第二章

对向犯行为主体和行为结构的特殊品性

从第一章对必要共犯理论发展脉络的梳理来看，学界对必要共犯研究的重心始终置于必要共犯有无刑法总则共犯规定适用的讨论上，无论是采用群组模型的方式抑或个案分析的模式，至今仍未提供一种妥适的处理模式。有学者指出，与其困囿于这种传统的思维窠臼而无法自拔，不如回归对犯罪本质的思考，通过研究必要共犯这种犯罪类型的形成结构，进而去探究其是否可罚的议题。①

如前所述，笔者并不赞同我国刑法学界多数说的观点把必要共犯区分为三种类型，即对向犯、聚众共同犯罪和集团共同犯罪，而是支持德、日刑法学者的做法，把必要共犯划分为对向犯和聚众犯两种子类型。相较而言，对向犯是必要共犯类型中的最为典型者，因为对向犯的形成，不仅仅要求复数的行为主体，还要求行为主体间具有对向关系的存在，正是这种特殊的对向关系奠定了对向犯与聚众犯的基本界分点。

作为刑法分则预设的一种特殊的犯罪类型，对向犯应该和其他犯罪类型一样，具有自己的特殊性，经由这种特殊性的检视和对照即可区别于其他犯罪类型。换言之，对向犯具有自己的特殊性格，我们一旦看到这样的性格就能够将其归类于对向犯。而要把握对向犯的这种特殊性格，不能预先设置对向犯的定义，否则极易陷入割地自限的境地，而应从对向犯所具备的形成结构中去探知，在明了对向犯形成结构的基础上去归纳对向犯的定义。

在刑法理论上，对一个犯罪行为形成的判断，最重要的判断要素即行为主体、行为、行为客体及所致的评价非难关系。② 行为的重要性自不待言，行为是犯罪中

---

① 参见蒋薇君：《论对向犯》，(台北)中正大学硕士论文，2006年，第41页。
② 柯耀程：《刑法实例解析——行为事实之分析》，载《辅仁法学》，2004年总第28期，第255页。转引自蒋薇君：《论对向犯》，(台北)中正大学硕士论文，2006年，第41页。

最为核心的概念,"无行为则无犯罪"早已成为公认的刑法铁则。行为主体的重要性也不应忽视,因为行为主体之于犯罪处于肇事者的地位,如果没有行为主体的存在,则犯罪历程无从开启。行为主体所为的行为透过行为客体的连接而产生的法益侵害过程则提供了刑法规范评价的基础。由此以观,这四个要素在讨论犯罪类型的结构关系时都有自己独特的作用,一个都不可偏废。在对对向犯的犯罪形成结构进行分析时,自然也应采取这样的模式来讨论。

第一节 功能性双重角色的行为主体

前已述及,在犯罪结构关系中,应紧扣行为主体、行为、行为客体及规范评价关系这样四个要素。其中,最应厘清的两大结构要素当属行为主体和行为,因此在对对向犯的形成结构进行分析时,首先应分析行为主体间的对向关系。

一、行为主体的特殊品格

在我国刑法理论上,行为主体也称为犯罪主体,就是实施危害行为而实现构成要件的人。由于刑法上的行为是经由行为主体通过某种意识活动而发动,因而行为主体对于犯罪历程的开展具有主动性格,居于主体地位。尽管刑法规范的是行为,但是处罚的却是行为人,即行为人是刑罚的承受者。行为人是刑法犯罪结构判断的基础,是刑法评价的对象。关于行为人的概念,德国刑法学者罗克辛在他的专著中有深入的研究。他把行为人概念分为四种类型:一是因果行为人见解;二是目的论行为人见解;三是实体论行为人见解;四是具有意义性及目的观察方式的综合体的行为人概念。罗克辛通过对这四种行为人类型的分析得出的结论是,作为行为事实核心形象的行为人应具有意义性及目的观察方式的综合体。[①]

从犯罪结构关系上观察,行为主体则是指具有发动意思居于主体地位而开启犯罪历程的人。不同的犯罪结构关系,行为主体发动行为经由行为客体的连接而对法益侵害的过程也不同,这也构成不同犯罪类型的区别基础。为勾画出对向犯最基本之形象,自然也应考察对向犯结构中发动行为的行为主体的特殊品性,从而行为主体形成对向犯结构中的最核心基础。[②]

（一）行为主体的基础性地位

行为主体要件,当然地存在于犯罪形成结构之中[③],但是学者们在对构成要件

[①②] 参见蒋薇君:《论对向犯》,(台北)中正大学硕士论文,2006年,第43页。

[③] 在我国的犯罪构成理论中,通说观点认为犯罪主体是犯罪构成的必备要件,但也有观点否认犯罪主体是犯罪构成必备要件。

的论述过程中,却没有凸显行为主体的重要性,以至于行为主体在犯罪结构中的地位究竟如何,并非一个不言自明的问题。不可否认的是,行为如无行为主体,终究无法落入刑法的评价范围,不论是身份犯抑或非身份犯的规定,欠缺行为主体的行为,在构成要件中是根本不可想象的,即便是在非身份犯的规定中,行为主体的要求仍然存在,只是因其普遍性关系,所以未被特别强调。① 笔者认为,在任何的犯罪类型形成结构关系中,行为都是由行为主体透过主观意识的作用而展现于外部的产物,既然如此,在对行为进行评价时,就不能不考虑对行为主体的评价。换言之,作为决定行为侵害事实主体的行为主体,理所应当成为评价的对象。

如前所述,在犯罪行为事实的组成上,行为主体居于发动者的地位,行为主体是整个犯罪历程的开启者,行为主体经由意思发动而针对行为客体实施犯罪行为,进而导致法益侵害的评价非难关系。正如每个犯罪都有自己特定的逻辑构造一样,一个犯罪行为形成判断的四个要素间也有自己的本然逻辑,诚如台湾学者所言:"若无行为主体之发动,即不会有行为产生,而若无行为之攻击对象则侵害不会发生,即不会有接续之评价非难关系产生。"② 由此可见,行为主体在整个犯罪结构关系中居于最为基础的地位。在传统的刑法理论体系中,行为主体始终未被置于最重要的地位被加以关注,也许是有学者考虑到刑法上的行为毕竟是由行为主体发动这一事实,基于行为与行为人不可分割的观点,提出了所谓"个人的行为"这一概念。"个人的行为"概念一方面重视行为作为刑法评价客体的重要性,另一方面把行为视为具体的行为人的产物,把行为理解为行为人透过意识的作用而展现于外部的一种"人格表现"。即行为必须归属于具有精神、心灵主体的人,并且行为必须能反映出该行为主体的人格意识表现。这种"个人的行为"概念,得到了洛克辛的大力支持,洛克辛认为"个人的行为"概念最合乎功能性的行为概念,其不但能完整说明行为作为评价客体的资格,同时更能揭露出行为的基本属性。③ 笔者认为,个人的行为概念在重视行为是行为主体的产物,行为与行为主体须臾不可分割这点上,殊值赞同。现代民主自由国家的法律制度,多遵循法治国思想,因而纵观现代各国刑法,多为行为刑法,并非是以行为人或人的思想为导向的行为人刑法。当然,刑法规范的对象限定于人的客观行为,但并不意味着行为主体在刑法规范中的地位就不重要,因为所谓的行为刑法只是彰显刑法规范的内容是人的行为而已,刑法处罚的对象,即刑罚的承受者却是发动行为的行为人。诚如柯耀程教授所言:"称行为刑法或行为人刑法的意义,并非指处罚对象的问题,而是可罚性认定基准的问题,即刑法在发动之时所依据的基准为何的问题。"④

---

① 柯耀程:《刑法的思与辩》,中国人民大学出版社2008年版,第120页。
② 参见蒋薇君:《论对向犯》,(台北)中正大学硕士论文,2006年,第43页。
③ 参见柯耀程:《刑法的思与辩》,中国人民大学出版社2008年版,第107页。
④ 参见柯耀程:《刑法的思与辩》,中国人民大学出版社2008年版,第103页。

刑法上的犯罪有一般犯与特别犯之分，所谓的一般犯是指在构成要件体系中，对于行为主体资格没有任何限制的犯罪类型，此类构成要件的实现，一般人均得以为之，刑法上的绝大多数犯罪皆为一般犯；相对的，所谓的特别犯是指在构成要件体系中，对于行为主体资格加以限制的犯罪类型，此类构成要件的实现，并非任何人均可得以完成，必须行为人具有某种特定的资格，才有成立的可能。① 对行为主体资格的限定，刑法分则预设的构成要件有多种规定，有的要求行为主体具有一定的身份关系，例如贪污贿赂犯罪要求行为主体具有国家工作人员这一特定身份；有的根据构成要件实现的具体情况要求行为主体亲自为之（所谓的亲手犯），例如伪证罪即是；有的是因为客观行为情况的限制，比如我国刑法规定的强奸罪的行为主体仅限于男性。诚然，观察刑法分则规定的构成要件规范，不难发现绝大多数构成要件规范对行为主体没有加以规定，但一方面，每一个犯罪事实历程中必然存在着行为主体，另一方面，刑法分则规定的构成要件规范对行为主体没有规定，只是意味着在犯罪分析上行为主体没有被作为注目的焦点而已，事实上，只是由于刑法总则已对犯罪主体作出一般性规定，因而没有必要再在分则的构成要件规范中对行为主体进行特别彰显罢了。

从以上的论述可知，行为主体作为实现构成要件的发动者，在犯罪的结构关系中自应居于基础性的地位，行为主体要件的判断在逻辑上必须先于行为及侵害事实，因为行为是行为主体的行为，只有在行为主体的资格被确认之后，才有认定行为及判断侵害事实的余地，这一点在特别犯的情形尤为明显。例如，我国刑法规定的贪污罪，如果行为主体经过检视后发现不符合国家工作人员的主体资格限制，则直接对贪污罪予以排除，只有在行为主体具有国家工作人员这一特定资格后，才需要进一步判断行为及法益侵害的事实。在对犯罪结构关系进行评价时，先对行为主体作出评价，进而进入行为评价的过程，在此基础上，透过对行为主体责任能力的考察，最终进行法益侵害评价而把刑事责任归属于适格的行为主体。由是以观，我国刑法通说观点对犯罪构成要件的排列顺序（犯罪客体要件、犯罪客观方面要件、犯罪主体要件、犯罪主观方面要件），如果从犯罪结构的评价逻辑顺序上看未必是合理的。②

（二）复数行为主体的要求

对向犯是必要共犯的一种子类型，在讨论对向犯的行为主体时，自然不能无视必要共犯作为一种特殊的犯罪类型最基本的要求，亦即行为主体必须为复数；作为必要共犯类型的对向犯，其行为主体的最基础性要求是行为主体也必须为复数，此

---

① 参见蒋薇君：《论对向犯》，(台北)中正大学硕士论文，2006年，第44页。
② 有学者认为，通说的排列顺序是按照认定犯罪的过程排列的。参见赵秉志：《犯罪总论问题探索》，法律出版社2003年版，第72页。

点要求实乃必要共犯的本质使然。

必要共犯的两种犯罪类型,聚众犯和对向犯的成立基础都必须要求具备复数的行为主体。但是台湾刑法学者蒋薇君和大陆的李岚林博士认为,虽然聚众犯和对向犯同样要求行为主体是复数,但聚众犯和对向犯对于复数主体要求的内涵却不相同。① 具体而言,他们认为在聚众犯情形中,对于行为主体的复数性要求至为明显,聚众犯的每一个参与的行为主体实质上已经被连接为一个单一的集合体。二位学者分别以刑法规定的聚众斗殴罪为例,说明在聚众犯中,个人所为的行为对于形成整体犯罪事实而言,并无共同加工之助益,个别的行为事实只有在判断其个人可罚性成立时才有意义,进而认为,复数行为主体的要求对于聚众犯的成立而言,仅仅具有人数上的意义。

按照上述两位学者的观点,在对向犯中,虽然也要求复数行为主体,但是仅此尚不足以成立对向犯,成立对向犯这种犯罪类型还有个不可或缺的前提条件,那就是每个必要参与行为主体的共同加工行为。二位学者认为聚众犯这种必要共犯类型的必要性基础是一种与行为人相关的必要性概念,而对向犯这种必要共犯类型的必要性基础除了与行为人相关这种必要性外,还将这种必要性扩展到了各个行为主体间的共同加工行为,即与行为相关的必要性。

与行为人相关的必要性以及与行为相关的必要性的概念区分具有相当的实益,但二位学者把聚众犯与对向犯的区分求诸此点,还有所欠缺。实际上,从犯罪结构的角度来看,无论是聚众犯还是对向犯,它们作为必要共犯犯罪类型的必要性基础都在于与行为相关的必要性概念,也就是说,不仅仅是在对向犯中要求复数行为主体的共同加工行为,在聚众犯中若单纯地要求人数上的复数性也不足以成立,聚众犯与对向犯的界分更本质的应是复数行为主体间的行为角色和功能的不同。

二、行为主体间的对向关系

成立对向犯,除了要求复数行为主体外,还要求各个参与主体间的共同加工行为,这在理论界已经达成共识,唯对向犯各行为主体间的存在形式在本质上是否有独特之处,对向犯的"对向"究竟意指若何,学界尚有分歧。多数学者就对向关系着眼于论述"行为对向",但也有少数学者将对向犯的对向关系着眼于"行为主体的对向。"笔者以为,在对对向关系的本质进行深究之前,首先应对对向犯的行为主体再做些铺垫性的探讨。

---

① 参见蒋薇君:《论对向犯》,(台北)中正大学硕士论文,2006年,第45页;李岚林:《对向犯研究》,武汉大学博士论文,2014年,第45-46页。

如果我们对对向犯的复数行为主体加以认真考察则不难发现，对于对向犯中的主体是有一定的限制的。首先，尽管对向犯的犯罪结构要求必须有复数行为主体的存在，但对向犯的每个必要参与者都是行为主体，都立于主动者的地位，对向犯可以看作是所有行为主体参与行为的集合体，但如果单独地把每个行为主体所实施的行为从整体行为中剥离出来考察的话，则每个行为主体皆是独立地发动一个行为。对此，可以刑法规定的赌博罪为例加以说明，赌博罪的犯罪结构要求有复数行为主体的存在，每个行为主体的参与行为集合成整体的赌博行为，但立于每个行为主体实施的赌博行为角度来看的话，则每个行为主体都单独地开启一个赌博行为，每个行为主体就自己实施的赌博行为，都居于主动者的地位。[①]

另外需要加以说明的是，德、日刑法理论上对一个犯罪类型结构的考察，一般遵循这样的评价模式，即行为主体→行为→行为客体→评价非难关系。按此评价模式，行为主体发动一个行为事实，透过行为客体的媒介效应，对法益形成侵害而产生刑法的评价非难关系。[②] 由是以观，若要窥知犯罪结构的全貌，行为客体也是犯罪结构中不可或缺的一环。笔者认为，在对向犯犯罪形成结构的判断上，行为客体在犯罪结构中的地位较之于在其他犯罪类型结构中的地位更为重要。其实，关于此点，德国学者佐瓦达(Sowada)在他的对向犯行为主体"功能性双重角色理论"中已有精当的诠释。

（一）行为主体的"功能性双重角色"的考察

在对对向犯的犯罪结构进行观察时，德国学者佐瓦达于1991年在其博士论文中首次提出对向犯的行为主体具有"功能性双重角色"的观点。理论界长久以来一直把对向犯中必要参与者的可罚性问题作为必要共犯理论中最核心的议题，佐瓦达摒弃了德国实务界长久以来一直坚持的最低程度必要共同加工不可罚的见解，单纯地采用"个别构成要件"解释的归纳途径来探讨必要共犯的不可罚性问题。根据佐瓦达的见解，之所以在对向犯这种必要共犯类型会出现可罚性的争议，最根本的原因在于对向犯的必要参与者具有功能性双重角色的缘故。[③]佐瓦达认为，对向犯必要参与者的功能性双重角色，是指必要参与者兼具行为人和被害人的功能，他以德国刑法规定的重利罪为例进行了详细的说明。

佐瓦达认为在重利罪中，必要参与者的允诺或者给予财产利益的行为是对实现重利罪的不可或缺的提供助益的行为，因而，在重利罪成立的判断上具有重要的意义。尽管必要参与者所提供的助益行为不是刑法上规制的正犯行为，但是一方面，必要参与者的允诺或给予利益的这种共同加工行为对重利者的犯罪行为带来实质贡献，因而从广义而言被重利剥削者具有某种程度的"行为人功能"；另一

[①] 参见蒋薇君：《论对向犯》，(台北)中正大学硕士论文，2006年，第46页。
[②][③] 参见蒋薇君：《论对向犯》，(台北)中正大学硕士论文，2006年，第47页。

方面,由于趁人处于不利情况而谋求重利者的行为,其法益侵害的效应会指向该允诺或给予利益的人,因而,被重利剥削者也具有"被害人功能"。① 佐瓦达认为对向犯的必要参与者之间的关系在本质上具有功能上的双重角色,正是由于必要参与者的这种特殊品格,导致其可罚性的疑问,毕竟,对向犯的参与者具有行为人与被害人的竞合地位,判断其是否可罚,自然成为理论上的难题。②

需要特别指出的是,在佐瓦达所倡导的行为主体具有"功能上的双重角色"理论中,被害人与行为客体的地位是一致的,在对向犯中被害人事实上是一种特殊的行为客体。刑法理论上区分犯罪对象和行为对象,认为犯罪对象与犯罪客体要件有着现象和本质的联系,表明犯罪客体要件的存在形式,是犯罪客体要件的现象形态,行为客体③(行为对象)则是指行为主体实施的构成要件行为直接指向的具体的人或物,行为对象仅仅说明客观行为的样态,其本身蕴含于行为内部,具有中性无色的特点。④ 刑法中的被害人是指犯罪行为侵害的法益的持有者,在一般的犯罪形态中,被害人和行为客体两个概念各有所指,但从对向犯的结构关系来看,由于必要的参与者所要彰显的是其既是行为的实施者又是行为的接收者的特征,并且行为会对此行为客体或经由此行为客体而产生效应,就此点而言,行为客体与被害人在一般犯罪中的地位并无二致。⑤ 由此可见,在佐瓦达的理论里,被害人的概念是一种经过延伸的概念。所以尽管现行《德国刑法》第283条之C的规定,得利者并非该罪的被害人,被害人是其他未得到清偿的债权人,但德国学说上向来认为该规定仍不失为对向犯的规定。⑥

为更好地理解佐瓦达的"功能上的双重角色"理论,以我国刑法规定的重婚罪为例进行说明:假设甲为有配偶的人而与乙结婚,则从行为主体的角度观察,存在着重婚者和相婚者复数行为主体,参与结婚行为的双方是互以对方为其行为对象的,也就是说甲的结婚行为是以乙为其行为承受对象的,乙的结婚行为也是以甲为其行为承受对象的,如此则不难看出,甲既是自己发动与乙结婚行为的主体而具有"行为人功能",同时,甲又是乙发动的与自己结婚行为的承受对象而具有"被害人功能",反过来看,乙也是兼具行为人与被害人的双重角色。正是由于重婚罪的行为主体间具有这种特殊的对向关系,因此学界公认重婚罪是典型的对向犯。

---

① 参见蒋薇君:《论对向犯》,(台北)中正大学硕士论文,2006年,第47页;李岚林:《对向犯研究》,武汉大学博士论文,2014年,第47页。
②⑤ 参见蒋薇君:《论对向犯》,(台北)中正大学硕士论文,2006年,第48页。
③ 本书在同等意义上使用行为客体和行为对象的称谓。
④ 参见赵秉志:《犯罪总论问题探索》,法律出版社2003年版,第69页。
⑥ 该具体规定为:"知悉自己无支付能力,于其他债权人未要求或未依特定方式要求或未于特定时间点要求的情形下,对该债权人提供担保或满足其债权,而出于故意或明知使其优先于其他债权人受偿者,处两年以下自由刑或罚金刑。"

学界向来认为聚众犯和对向犯的区分在于,聚众犯的行为方向是同一的,指向同一目标的,而对向犯的行为方向是相对的。笔者以为,以此作为区分二者的标准是不正确的。事实上,二者区分的关键是,聚众犯的每个行为主体都是单独的实现构成要件,每个行为主体仅仅承担行为人的功能,而不可能是同时承担作为他行为主体实施的行为的承受者而体现出来的被害人功能,但在对向犯中,必要参与者的相互共同加工行为对犯罪的形成具有不可或缺的作用,每一个行为主体不仅承担自己发动行为的行为主体功能,而且还承担作为他行为主体实施行为而承担的被害人功能。由此,看一个犯罪类型是否属于对向犯,最主要的检视标准应是,每个必要参与的行为主体是否兼具行为主体与行为客体(被害人)的双重角色的功能。换个角度讲,我们也可以说,行为主体具备"功能性双重角色"是对向犯这种犯罪类型最为核心的本质。

(二)主体对向关系的具体展现

刑法理论上在讨论对向犯的结构时,一贯着眼于"行为对向",认为对向犯是复数行为主体之间的对向行为而构成,唯佐瓦达对对向犯结构关系的论述与以前的观点不同,他直接从犯罪的基础结构入手去剖析对向犯的本质,从行为主体具备功能性双重角色这一角度去勾勒对向犯的应有形象。佐瓦达的这种思考模式给我们的重要启示是,应从行为主体和行为客体对整个犯罪结构所产生的影响来观察,界定出二者的特殊功能与地位,然后以此为资照,观察对向犯的参与者是否具备这样的特质,从而推论出其应有形象。[①] 行为主体的地位与功能在前面部分已有详细论述,下面只对行为客体在整个犯罪结构中的地位与功能进行分析。

1. 行为客体功能的再审视

相较于行为主体而言,行为客体在刑法理论中几乎未被涉及,行为客体犹如刑法理论上的一块未被开发的原生地。尽管如此,却并不意味着行为客体于犯罪结构关系中的地位不重要,事实上,从犯罪结构的逻辑关系来看,行为客体在里面也担当着重要的角色。因为如果没有行为客体的存在,则无法判断行为侵害的动向,进而,没有行为客体的连结,则行为主体发动的行为侵害法益的整个评价非难关系也无法完整展现。正如有学者指出的,"从犯罪结构来观察,与行为客体连结的是行为和评价非难关系,可以发现行为并非单纯由行为主体发出即可,必须辅以侵害的动向及承受行为的客体,才能得出行为的样貌"[②]。举例言之,如果甲持刀对躺在地上的"人"砍杀,如果躺在地上的为一个自然人,则甲的行为可能要受故意杀人罪的评价,相反,倘若躺在地上的仅仅是一个塑料人体模特,则甲的行为绝

[①] 参见蒋薇君:《论对向犯》,(台北)中正大学硕士论文,2006年,第49页。
[②] 参见柯耀程:《刑法实例解析——行为事实之分析》,载《辅仁法学》,2004年总第28期,第259页。转引自李岚林:《对向犯研究》,武汉大学博士论文,2014年,第48—49页。

无成立杀人罪的可能。由此可以看出,行为客体在整个犯罪结构中对犯罪形成的判断具有重要的作用,行为必须经由行为客体的连接体现出特定的侵害效应,才能完成整个侵害的历程。①

另外,一方面,"由于行为客体具有界分法益侵害类型的作用,其当然具有类型化犯罪结构的功能,透过法益侵害类型经由行为客体之体现,也能将侵害不同种类法益的犯罪结构加以类型化……待进入刑法客体评价时,要确定这些不同犯罪类型之评价关系,则必须借助行为客体,只有透过行为客体才能观察出行为侵害的形式及动向";另一方面,要将法益侵害的结果归属于行为主体,则必须经由行为影响行为客体的历程而确认出因果关系,显然,行为客体不仅在结构关系上具有作为行为与评价非难关系判断的媒介作用,在评价关系上,也具有因果关系判断的连结。②

从以上论述可知,行为客体也是犯罪结构关系中极为重要的一环,倘若没有行为客体的存在,则不仅在行为与评价非难关系间失去了联系的媒介,而且对犯罪的整体评价也无法完成。在一个犯罪结构关系中,由于行为主体与行为客体的地位与功能各异,因而存在一个基本原则,即在一个犯罪形态中不可能出现行为主体也是行为客体的情形③,既然如此,佐瓦达所提出来的对向犯的参与主体兼具行为主体与行为客体的"功能性双重角色"理论是否与此相悖? 笔者以为,佐瓦达的理论并不违背此原则,因为在对向犯中的行为主体与行为客体的双重功能实际上是从不同的行为事实观察而得到的,对向犯的参与者从自己发动行为的侧面观察,则居于行为主体地位,但若从另一参与者发动行为的侧面来观察,则其又是行为的承受者,居于行为客体的地位。

2. 对向性格的展现

所谓"对向",从语义分析的角度来看,是指两个方面形成相互交错的情形。在对向犯的犯罪结构关系中,每一个参与者都单独地开启一个行为事实,因而每一个参与者都是行为主体,对向犯可以看作是每个行为主体开启的行为事实的结合而成的犯罪形态。但从对向犯的复数参与者之间的关系来看,每一行为主体开启的行为侵害效应都是在对向犯的其他行为主体身上体现,即各个参与者的行为对象仅仅存在于对向犯参与者内部,而不会涉及参与者之外的人。认识到这点具有重要的意义,加以延伸,可以发现,对向犯"所有的行为都存在于参与主体彼此之间,而所有行为的对象(行为客体),也必定存在于参与主体之间,换言之,每个参与者都可能居于行为主体之地位,又同时居于行为客体之地位"④。

---

① 参见蒋薇君:《论对向犯》,(台北)中正大学硕士论文,2006 年,第 50 页。
②③ 参见蒋薇君:《论对向犯》,(台北)中正大学硕士论文,2006 年,第 51 页。
④ 参见蒋薇君:《论对向犯》,(台北)中正大学硕士论文,2006 年,第 51-52 页。

前已述及,刑法理论上承认一人不能同时为行为主体又为行为客体的原则,但对向犯由于自己特殊的犯罪形成结构,对向犯的参与者同时居于行为主体与行为客体的地位并不违背这一原则。由于对向犯的所有参与者都处于行为主体的地位,因而无论是从单个的参与者还是全体的参与者的角度来分析,每一个参与者之外的其他参与者都是其行为客体,即所有的参与者的行为是同时并且于各参与者彼此间相互实施犯罪行为。由此可知,对向犯的参与者除了其本身必须为行为主体以外,还必须以其他参与者作为其行为的承受对象,此即对向犯的主体对向性格的展现。可以甲、乙、丙三人参与赌博为例加以说明:就甲的赌博行为来讲,甲由于意思发动行为而当然地居于行为主体地位,而乙和丙则为甲的赌博行为的对象,即甲的行为是以乙和丙作为行为客体的;相应的,就乙和丙的赌博行为而言,也能得出相同的结论,也就是说,在乙的赌博行为中,乙为行为主体,而甲和丙则为其行为客体,在丙的赌博行为中,丙为行为主体,而甲和乙则为其行为客体。由此例可知,对向犯的参与者之间的对向关系的体现就是行为主体之对象即为其他同为行为主体之人。

第二节 对向犯行为结构的检视

作为刑法评价客体的行为是犯罪结构中最为核心的部分,可以说,无行为则无犯罪,行为是刑法评价及犯罪判断的基础[1],这一点理论上素无争议。在进入对向犯的行为结构分析之前,有必要先对刑法上的行为概念进行检视,界定出行为概念的应有形象。

一、行为概念的再阐释

(一)刑法上行为理论的检视

马克思曾经指出:"我只是由于表现自己,只是由于踏入现实的领域,我才进入受立法者支配的范围。对于法律来说,除了我的行为以外,我是根本不存在的,我根本不是法律的对象。"[2]林山田教授也指出:"犯罪系具有刑事不法本质的人类行为,必须先有人类行为的存在,而后经过刑法的评价,始有可能成立犯罪,若无人类行为的存在,即无从为刑法的评价,亦无由成立犯罪,故无行为即无犯罪。

---

[1] 李岚林:《对向犯研究》,武汉大学博士论文,2014年,第51页。
[2] 《马克思恩格斯全集》(第1卷),人民出版社20016年版,第16页。

因此,行为可谓刑法评价与犯罪判断的基础。"① 由此可见,法律关注的是人表现于外部的行为,而不关注人的内心,行为是法律评价的客体,在刑法领域自然也不例外。什么样的行为才能成为刑法评价的客体?对此形成了各有特色的行为理论。但有两点需要先行加以说明:其一,由于刑法上的行为既包括作为,也包括不作为②,既包含故意行为,也包含过失行为,因而一种比较合理的行为理论必须把各种行为形态涵摄于内,也正因此大大增加了界定行为概念的难度;其二,笔者以为,理论上向来把行为与行为人进行割裂考察,刑法的评价对象仅仅限定于行为,这种做法忽略了行为毕竟是人的行为这一基本事实,在行为概念的阐释上不能完整地透视行为的应有形貌,也难以从纷繁复杂的人类行止中界定出真正的具有刑法评价意义的部分。

1. 因果行为论

在行为理论上最先是因果行为论,因果行为论经由德国学者贝林格及李斯特等学者而建构。受自然科学机械论的影响,在19世纪末叶,西方刑法学者从自然主义法律观出发,把行为分离为外部的客观因果现象与主观的意思内容,特别强调行为的客观面,这就是早期的自然行为论。这种自然行为论完全从自然主义的立场来把握行为,把行为作为一种"物质的、人的感觉可以认识的外界变化"来理解。自然行为论的行为要素最初不包括有意性的要素,后来才逐渐摆脱极端的自然主义立场,肯定行为的意思要素,把行为作为一种因果变化来把握。按照因果行为论的观点,所谓行为,是指"由意思在外界所惹起的因果的物理的事件"③。因果行为论一直到"二战"前后,在德国刑法理论上一直占据通说的地位。

因果行为论的优点在于,它能够较好地实现行为的界限机能,将非基于意思的诸如反射动作、睡眠中的动作及物理强制下的动作排除在行为范围之外,另外由于它只对行为的主观面与客观面作一般性的描述,而不进行刑法上的评价,因而能够实现行为的基本机能与结合机能。④ 然而,因果行为论也有自身的缺陷,首先,因果行为论仅仅关注行为的因果历程,把行为看作是经由人类的意思活动而导致外部产生变动的因果历程,不关注行为内在意思的具体内容,比如,德国学者拉德布鲁赫就认为:"在行为中,只要求根据意思而产生的单纯的行动,至于意欲的内容

---

① 参见林山田:《刑法通论》(上),北京大学出版社2012年版,第117页。转引自李岚林:《对向犯研究》,武汉大学博士论文,2014年,第52页。
② 理论上也有把"持有"视为与作为和不作为并列的第三种行为形式的观点。
③ 参见[日]西原春夫:《刑法总论》,成文堂1968年版,第70页。转引自熊选国:《刑法中行为论》,人民法院出版社1992年版,第10页。
④ 参见陈家林《外国刑法通论》,中国人民公安大学出版社2009年版,第160页。

如何,完全属于责任的问题。"①这样一来,由于把意识与意识的内容相分离,导致行为概念中的意识成为一个空洞抽象的概念,其次,因果行为论难以发挥行为的统一机能,因为它难以解释不作为也难以说明忘却犯也具有行为性。也正因为因果行为论"有此缺憾,故现时赞同其说者甚少"②。

2. 目的行为论

继因果行为论后是目的行为论,目的行为论把行为的目的性作为行为的本质来把握。这个理论最早是由德国刑法大家韦尔策尔于20世纪30年代创立的,其后在德国得到毛拉赫、尼塞,在日本得到木村龟二、平场安治、福田平等著名学者的支持。目的行为论不是简单地把人的行为理解为由盲目的因果性支配的行为历程,而是把人的行为的本质作为一种事先有目的的追求活动来把握。目的行为论所指的行为的目的性,是指"人基于因果法则的认识,而在一定范围内预见自己活动可能发生的结果,并依此设立种种目标,有计划地引导该计划向此目标的达成"③。因此,在目的行为论者看来,所谓行为,是指"通过有目的的意思对包括外部的举动在内的因果进行支配操控"。

目的行为论以人的行为的目的性作为其理论思考的基点,对于解释故意行为的行为性具有理论上的便宜性。另外,由于目的行为论的兴起,导致了犯罪论体系的重大变化,使得故意前移为构成要件要素,而不仅仅是一种责任要素,也导致了违法性领域的重大变化,违法不仅仅是单纯的由结果无价值决定,而是由行为无价值与结果无价值共同决定。可以毫不夸张地说,战后刑法学的主要论争都是由目的行为论所推动的。④但是目的行为论也饱受质疑,目的行为论的主要缺陷在于它无法合理地解释刑法上的过失行为,毕竟过失犯的行为所引起的危害结果,根本不存在于行为人的目的范围之内。⑤另外,目的行为论对于不作为犯的解释也很牵强,难以令人信服。所以,目的行为论"尽管在德语国家、意大利、日本和拉丁美洲得到广泛讨论,但这种理论却未能赢得那些对它感兴趣以及精通它的人的多数赞同。主要障碍在于,这种关于行为和意图的说服性理论只在有意图的犯罪领域有效,而在其它领域就会遇到困难"⑥。

---

① 参见福田平等译:《目的行为论序说》,有斐阁1979年版,第9页。转引自熊选国:《刑法中行为论》,人民法院出版社1992年版第10页。
② 参见韩忠谟:《刑法原理》,中国政法大学出版社2002年版,第111页。
③ 参见福田平等译:《目的行为论序说》,有斐阁1979年版,第9页。转引自熊选国:《刑法中行为论》,人民法院出版社1992年版第13页。
④ 参见[日]浅田和茂:《刑法总论》(补正版),成文堂2007年版,第33页。转引自陈家林《外国刑法通论》,中国人民公安大学出版社2009年版,第162页。
⑤ 参见李岚林:《对向犯研究》,武汉大学博士论文,2014年,第54页。
⑥ [美]乔治·弗莱彻著:《反思刑法》,邓子滨译,华夏出版社2008年版,第320页。

3. 社会行为论

20世纪30年代，德国学者修密特提出了社会行为论，其后得到恩吉施、耶赛克、西原春夫等一些学者的支持而成为一种有力的行为学说。社会行为论着眼于行为的社会意义，认为不能从自然的、物理的侧面理解行为，必须从行为的社会意义角度去把握，从而把行为的社会价值作为其立论的基础。尽管社会行为论的内部也有各种观点，但都把"社会"概念作为行为的核心因素。社会行为论者一般认为，刑法是一种社会统治手段，具有社会意义的人的身体动静才是刑法上的行为。

社会行为论的最大优点是它能够很好地发挥行为的统一机能，将故意行为、过失行为、作为、不作为都纳入行为的范畴。① 但是，按照社会行为论的理解，诸如不可抗力、纯粹的反射性动作等一些在刑法上没有意义的现象，也可能具有社会意义，从而使这一概念缺乏行为的界限机能，另外，在刑法评价之前的行为，本该是一种与价值无涉的中性概念，但社会行为论却把行为的概念与法律评价、社会评价糅合在一起，不符合设立行为概念的宗旨。

4. 人格行为论

人格行为论是于二战后由日本著名刑法学家团藤重光教授首倡，得到他的弟子大塚仁以及德国的卡夫曼、罗克辛等一些著名学者的支持，从而成为一种强有力的行为学说。人格行为论者认为，行为是"行为者人格主体的现实化"，是人格与环境的相互作用下依据行为人的主体的人格态度而形成，并将主体的人格现实化。人的身体动静，只有与其主体的人格态度相结合，并能认为是其人格主体的现实化时，才能认为是行为。②

人格行为论的优点在于把行为看作是人格的客观化，因而可以把反射运动、基于物理性强制的行动、幼儿的动作等排除在行为概念之外，从而实现行为的界限机能，它又可以把作为、不作为、故意行为、过失行为，甚至忘却犯等都包摄于统一的行为概念之下，具有适用上的统一性。但是，人格行为论也饱受争议，首先，什么是人格，并非不言自明的事，而且，刑法能否介入行为人的人格，尚存疑问；其次，人格行为论在解释忘却犯时有自相矛盾之嫌；最后，人格行为论在发挥行为的界限机能上仍有不足，例如，按照人格行为论的观点，精神病人的举止也被认为是一种主体的人格态度，因而也是刑法上的行为，然而得出这种结论，恐怕令人难以接受。

除了上述四大行为理论外，还有学者提出了一种消极的行为概念。如卡尔斯（Kahrs）认为，如果一个行为人能够避免某种结果的发生，法律也要求他避免这种

---

① 参见陈家林：《外国刑法通论》，中国人民公安大学出版社2009年版，第164页。
② 参见［日］团藤重光：《刑法纲要总论》，创文社1990年版，第67页。转引自陈家林《外国刑法通论》，中国人民公安大学出版社2009年版，第164页。

结果的发生,那么,只要他没有避免这种结果的发生,就应当将该结果归责于该行为人。① 但是,这种消极的行为概念也受到了很多批评,比如有观点质疑说,消极的行为概念没有使行为特定化,而且,这种消极的行为概念,实际上讨论的归责问题而不是说明什么是行为,还有观点质疑这种消极的行为概念,无论是行为的连结功能还是行为的界限机能,都无法得以满足。

(二)个人的行为概念之提倡

由于行为概念一方面要能囊括刑法上的所有行为形态,另一方面还要凸显行为概念的应有功能②,因而,要给行为下一个大家都能接受的定义是相当困难的,迄今为止的每一种行为理论都饱受质疑就充分说明了这一点。也正因为此,有学者认为,应全面抛弃一种位于构成要件之前并能够普遍适用的行为概念,而应当像拉德布鲁赫所主张的那样,将构成要件符合性作为刑法体系的基础概念。因为从行为概念中推导不出任何有实践意义的结果,事实上,不法和责任是更重要的刑法范畴。③ 也有学者指出:行为理论曾经是刑法学研究中的一个热点问题,这是因为人们在刑法研究中对于哲学性思考过于执着,从而导致对行为本质的讨论过于白热化。进入20世纪70年代以后,随着刑法学中刑事政策与意识形态对立的深刻化,人们从理论和实践两方面对行为论的界限机能提出质疑。理论上,人们认识到关于行为理论争论的重要性是极为有限的;实务上,因为单纯否认行为性而宣告无罪的极为罕见,大多是因为否认构成要件符合性而宣告无罪。因此,20世纪80年代以后,关于行为理论的讨论基本消失了。④ 但是,认为刑法上行为的问题不是简单可以消弭的,并认为行为的结合要素的机能也并非多余的。⑤

迄今为止的行为理论都存在这样或那样的缺陷,在实务上也极少直接以否认

---

① 参见张明楷:《外国刑法纲要》(第二版),清华大学出版社2007年版,第66页。
② 关于行为概念的功能,学者们的看法各异。有学者认为行为概念应当具有以下三个基本功能:其一,分类功能,即行为概念可以同时合理地解释现存制度中行为的两种表现形式:作为与不作为。其二,限制功能或否定功能,即作为界定具有刑法意义的人类举止的首要特征,能发挥排除不具有刑法意义的人类举止的作用。其三,教义与应用功能,即可用其作为理论与实践中判断行为统一性的标准。参见[意]杜里奥·帕多瓦尼:《意大利刑法学原理》(注评版),陈忠林译,中国人民大学出版社2004年版,第102页。有学者认为行为具有设定界限功能、结合功能、基本要素机能;曾根威彦、川端博等认为,行为具有基本要素、结合要素、界限要素、统一要素等机能。参见马克昌:《外国刑法学总论》(大陆法系),中国人民大学出版社2009年版,第91页。有学者认为行为概念具有"界限功能""定义功能"和"分类功能"等三种功能。参见张明楷:《刑法学》(第四版),法律出版社2012年版,第143页。
③ 参见陈家林:《外国刑法通论》,中国人民公安大学出版社2009年版,第165页。
④ 参见马克昌:《外国刑法学总论》(大陆法系),中国人民大学出版社2009年版,第98页。
⑤ 参见[德]克劳斯·罗克辛:《德国刑法学总论》,第1卷,王世洲译,法律出版社2005年版,第159-160页。

行为性而否定犯罪成立的情形,但以此来否定行为概念的必要性似乎理由还不够充分。因为"行为概念的产生是为了过滤和刑法规范(动用国家刑罚权)意义没有关系的现象"①。对此,李岚林博士指出:"从形式上看,学说或实务已经一致地把犯罪定义为不法的有责的行为,由此可见行为当然是构成犯罪的第一个要素。否则没有行为概念,那么犯罪定义可能变成'不法的有责的现象'了。按照这样的逻辑进一步推断下去,那么野狗咬伤人,山上的石头滚下来砸伤人,都要先在犯罪构成要件上去过滤。但是,显而易见这些理所当然不是'行为',所以不会在犯罪构成要件里去讨论,只是我们在平常的判断中,固有的习惯思维不认为这种现象是犯罪,也没有感觉到行为理论在发挥'过滤'的功能,但这样并不能否认行为理论的存在。"②由此可见,行为概念是有存在的必要的,因为它对犯罪的过滤具有实益。

既然刑法上的行为概念是必要的,那么我们应该采纳何种行为理论呢?③ 笔者认为,以往的行为理论人为地把行为与行为主体割裂的做法值得商榷,行为毕竟是行为人的产物,行为与行为主体应一体观察。德国学者罗克辛教授摆脱自费尔巴哈以来所建立的将行为与行为主体分别观察的体系,而主张应将行为视为具体的行为人的产物,重视行为所具有的个人人格意识的表现作用,由此,在罗克辛教授那里,行为是透过行为人的意识而展现于外部的身体举止,我们可以把这种行为理论称为"个人的行为概念"。仔细观察"个人的行为概念"可以发现,它与因果行为论有很多一致之处,尤其是它和因果行为论一样都强调行为必须是人的有意识的活动。它和因果行为论的最大不同在于,"个人的行为概念"把行为人概念导入行为之中,而因果行为论则是单纯强调行为是一种引起外界变动的因果历程。诚然,行为是人类有意识的行为举止,刑法也是以行为规范作为其核心的,但是不应忽视的是,行为不能单独存在,若无行为人,何谈行为? 从行为作为刑法评价客体的角度而言,"个人的行为概念"和目的行为论、社会行为论一样,都没有附加任何价值衡量的标准,因而这种行为概念能够保持客观中立性。

从对向犯特有的结构关系来分析,对向犯的行为主体相较于其他犯罪行为主体而言,行为主体不仅仅处于相对立的地位,而且每一个行为主体又是他行为主体的行为对象,也就是说,每个行为主体还兼具行为客体的角色,由对向犯行为主体的这种特殊品性所决定。若仅仅从行为的角度观察而忽略行为主体的地位,则对对向犯结构的分析势必不够完整和深入;若采用"个人的行为概念",在行为概念中引入行为人的概念且凸显行为主体的地位,那么,对向犯的行为可以被特定为某个行为主体开启的行为,对于理解对向犯的结构会有实质的帮助。

---

① 黄荣坚:《基础刑法学》(上),中国人民大学出版社2009年版,第97页。
② 参见李岚林:《对向犯研究》,武汉大学博士论文,2014年,第55页。
③ 需要注意的是,从理论上说,采取何种行为理论,并不必然决定采取何种犯罪论体系。

二、对向犯的行为结构

自对向犯这个概念被提出以来,学者们研究的重心就一直置于对向犯可罚性的争议这个问题上,但笔者以为,对向犯的行为结构分析是研究对向犯其他问题的基石,因此有必要对对向犯的行为结构进行必要的探析。在此部分,笔者先对学界的研究现状进行梳理和归纳,然后提出自己的看法。

(一)行为对向说

日本学者们多坚守行为对向说的立场,从而将对向关系置于行为对向的角度去理解。例如,西田典之教授将必要共犯区分为集团犯和对向犯两种类型,集团犯是指向同一方向的联动行为予以类型化的情形。而对向犯则是把对向性联动行为予以类型化的情形,大谷实教授在其教科书中更是直接论述到,所谓对向犯,正如重婚罪、贿赂罪,是在构成要件上,以两个以上的人的相互对向的行为为必要的犯罪。① 山口厚教授认为,必要共犯可分为两种类型,一种是将指向同一方向而实施的共动予以类型化的多众犯或集合犯,另一种是将对向的共动、加工予以类型化的对向犯。② 松宫孝明教授也把对向犯的对向关系理解为行为的对向。③ 由此可见,日本学者在对向犯行为结构的理解上,把对向关系的基点置于行为的对向上。

我国台湾地区的多数学者认为,从字面上观察的话,既然称为对向犯,那么在对向犯的犯罪结构中必然存在对向关系,而对向关系的形成,又必然有来自不同方向的影响始得构成。④ 若在对向犯的结构中,仅有单方面的影响,自然无对向关系存在的余地。学者们关注的是,在对向犯的结构关系中,来自不同方向的影响究竟意指若何,这也是学者们在对向犯结构关系中探讨的最为核心的概念。洪福增教授在一篇论文中写到,对向犯是指二人以上在各自目的上,向同一目标进行,而以他人之对立或对向行为为构成要件内容的犯罪。⑤ 不难看出,洪福增教授认为,在对向犯的结构中,行为的对向处于基础地位,一方若无他方的对向行为加以补充配合,则对向犯不会成立。换言之,"对向犯之形成必须要有复数之行为主体外,尚必须这些行为主体具有各自不相同之犯罪目的,但因其侵害之目标同一,因而形成

---

① [日]大谷实:《刑法总论》,黎宏译,法律出版社2003年版,第296页。
② 参见[日]山口厚:《刑法总论》(第2版),付立庆译,中国人民大学出版社2011年版,第339页。
③ 参见[日]松宫孝明:《刑法总论讲义》,钱叶六译,中国人民大学出版社2013年版,第188页。
④ 参见蒋薇君:《论对向犯》,(台北)中正大学硕士论文,2006年,第59页。
⑤ 参见洪福增:《论必要共犯》,载《刑事法杂志》,1985年第2期(总第29卷),第37页。转引自蒋薇君:《论对向犯》,(台北)中正大学硕士论文,2006年,第60页。

尽管行为主体立于不同方向却皆往同一标的进行侵害之行为,故而,其所为之行为系相互对立的,而对向关系也由此而产生"①。在此基础上,洪福增教授还提出了一项引人注目的见解,他根据行为样态的不同而将对向犯又区分为两种类型,"……如重婚罪、通奸罪,在其构成要件上必须是有配偶身份的人,与他人重婚或通奸的对向行为;赌博罪,在其构成要件上必须有二人以上之人参与赌博(互相会合)之行为……"②。对此进一步延伸,从犯罪结构上考察,虽然通奸罪、重婚罪与赌博罪同为对向犯的类型,但赌博罪却与其他两者不同。申言之,在洪福增教授看来,重婚罪与通奸罪的结构上,存在相互对立的两个行为,一由具有配偶身份的人实施,二由相奸者或相婚者实施,不仅参与主体的地位不同,而且参与主体所实施的行为样态也不相同。比如,就通奸罪来说,可能一方参与主体主动实施性交行为,而参与的另一方仅为消极地承受。但是就赌博罪而言则与此不同,所有的参与主体仍是立于不同的地位,除此之外,各个参与者所实施的行为样态也全然相同,按照洪教授的说法,所有参与赌博者的行为是"会合互相"之行为,而"会合"一词在此显然具有相互合致的意思。通过分析重婚罪、通奸罪与赌博罪不同的行为结构,洪福增教授认为:"对向犯不论是以他方不同样态的对向行为来充足构成要件,还是以相同样态的行为的会合来补充,均不妨碍其成立,这种对向关系是立于相对应或相互交错的关系上,至于其行为样态则是不以同种行为为必要的,是不受限制的。"③

我国台湾地区的廖正豪教授在对对向犯的行为结构的说明上,与洪福增教授的观点大致相同,他也把对向犯的对向关系的基础定位于"行为的对向",按照他的见解,必须有双方相对立或立于对向地位的行为才能成立对向犯罪。甘添贵教授也遵循这样的思考脉络,在他的书中指出,在对向犯中,行为人的行为是相互对立的。④ 在其后的著述中,甘教授对对向犯的意义进行了完整的说明:"对向犯乃在构成要件上,虽仅预定一人之行为,惟为充足该构成要件之内容,则须有立于对向关系之他方一定之协力为必要者。"⑤甘添贵教授进一步以刑法中的赌博罪和贩卖猥亵物品罪为例,指出虽然在对向犯中,并非所有犯罪形态的双方行为都设有处罚规范,但就对向犯的形成结构来说,只要一方行为必须由其对立一方的一定行为加以补充即可成罪。由此可以看出,甘添贵教授所主张的对向犯,也是以"行为对

---

① 参见蒋薇君:《论对向犯》,(台北)中正大学硕士论文,2006年,第60页。

②③ 参见洪福增:《论必要共犯》,载《刑事法杂志》,1985年第2期(总第29卷),第37页。转引自蒋薇君:《论对向犯》,(台北)中正大学硕士论文,2006年,第60页。

④ 参见甘添贵:《刑法总论讲义》,瑞兴图书出版公司1992年版,第205页。转引自李岚林:《对向犯研究》,武汉大学博士论文,2014年,第58页。

⑤ 参见甘添贵:《刑法案例解析》,瑞兴图书出版公司1999年版,第167页。转引自蒋薇君:《论对向犯》,(台北)中正大学硕士论文,2006年,第61页。

向"作为对向犯的结构形成核心的。甘添贵教授在论述对向犯的结构时指出:"立于对向之他人必须非为犯罪之被害人或攻击之客体。"①甘教授这样论述的真正含义在于强调对向犯的成立并非单纯只需具备立于对向地位的双方即可成罪,否则,刑法分则中只要存有被害人的犯罪都属于对向犯而将对向犯的成立范围无限扩大了,他的这种观点,究其实质是旨在排除类似杀人罪这样的情形成立对向犯,这样也框定了对向犯不同于其他犯罪类型的特殊品格。

台湾地区实务上的立场值得关注,"台湾最高法院"八十一年度台上字第二百三十三号判决②被学界认为对必要共犯理论的形成具有决定性的影响,甚至此后产生的许多理论见解和学说都是在坚持此判例意涵基础上的抒发。于此,笔者仅对与对向犯结构有关的部分进行分析。该则判例将对向犯定义为"二个或二个以上之行为者,彼此相互对立之意思经合致而成立之犯罪"。在笔者看来该判例对对向犯成立的立场是,对向犯虽然具有多数不同犯罪意思的行为主体,但行为主体间的犯罪意思必须达成合致,这显然较理论上所主张的"往同一目标进行"要求更为严格,因为通常所讲的"往同一目标进行"只是指该复数主体间每一个别主体基于自己的犯罪意思而行为,至于各个主体间的犯罪意思有怎样的联络则在所不问,但是犯罪意思"达成合致",则意味着对向犯的每一个参与主体对已形成整个犯罪目的均有认识,并且每一个参与主体都有意使整个犯罪得以完成而互相进行犯罪意思的联络。③

对向犯的对向结构是以怎样的形式存在,该判例在对向犯的定义中并没有涉及,但该判例在其后论述对向犯的参与关系时有这样的表述:其余对向行为纵然对之不无教唆或帮助等助力,仍不能成立该处罚行为之教唆、帮助犯或共同正犯……于此,着眼于判例所使用的"对向行为"这一表述,可以看出判例也认为对向犯中具有对向关系的是"行为对向",而不是主体间立于对向关系。

(二)主体对向说

日本的多数学者以及我国台湾地区的洪福增、廖正豪和甘添贵教授都主张对向犯结构的核心在于存在"行为对向"这一基础事实,但是在刑法理论界就对向犯的结构而言,有不同的声音。德国学者对对向犯定义的阐释,除了复数的参与者以外,重点强调了复数参与者和其所实施的行为之间的彼此关联性。比如,有学者认为对向犯是指参与者的行为虽指向同一目标,但各参与者是来自不同方向,因此行

---

① 参见甘添贵:《刑法案例解析》,瑞兴图书出版公司1999年版,第167页。转引自蒋薇君:《论对向犯》,(台北)中正大学硕士论文,2006年,第61页。
② 我国台湾地区"最高法院"1992年"台上字"第233号判例,该判例认为对向犯是指两个或两个以上的行为人,彼此相互对立的意思经合致而成立的犯罪。
③ 参见蒋薇君:《论对向犯》,(台北)中正大学硕士论文,2006年,第61页。

为在一定程度上相互交错的犯罪形态;有的学者认为,对向犯是指要求参与者的共同协力是立于不同的、相互一致的地位的犯罪形态;有的学者认为,对向犯是指个别的共同加工行为系自不同方向而来,且相互补充地共同组合成所描述的整体形象的犯罪形态。① 罗克辛教授认为,对向犯是"多名参与人从相互对立的方向来谋求同一个目标"。他以《德国刑法》第291条牟取暴利罪为例进行了说明,认为在该罪中,总是要求两个人,即牟取暴利者和被盘剥者。被盘剥者是必要的参加人,没有他就不可能有牟取暴利行为,但是他的举止行为就意味着牟取暴利者角色的颠倒。在牟取暴利者获利的同时,被盘剥者就失去利益。② 从德国学者的论述中我们可以发现,参与主体的复数性是对向犯形成的首要条件,此外,还要求具有复数参与者的共同加工行为,这也正是对向犯所要求的必要性基础。值得注意的是,在德国学者那里,对向犯的参与主体通常被理解为立于不同方向,德国学理上常把对向关系置于参与的主体上考察,即认为行为主体间的对向关系才是对向关系的核心,这与学理上将对向关系置于行为对向的角度考察显然具有相当的歧义。

柯耀程教授认为,对向犯的成立不仅在主体方面要求是复数,最关键的是行为主体间必须立于对向关系,即对向犯的各个参与主体均为行为主体,同时也是对向行为主体发动行为的行为对象,至于对向犯的行为结构方面因为存在形式不同,把对向犯区分为行为形式一致的对向犯和行为形式不一致的对向犯。③ 由此可见,柯耀程教授显然就对向关系的理解置于行为主体层面来考察,而非如前述学者将对向关系置于行为结构中予以观察。另外,柯教授按照行为样态将对向犯的类型区分为行为形式一致和行为形式不一致的对向犯的做法也开启了一种新的思考方法。

林山田教授认为,对向犯是指"所有参与者在犯罪实施过程中,亦有扮演相对角色的犯罪"。④ 尽管林教授在其著作中没有对"相对角色"做进一步的阐释,但我们从他所使用的文字来推敲,认为他所指的"相对角色"其实是指对向犯结构中的所有参与者,更进一步而言,他认为是对向犯的行为主体立于对向关系。显然,林山田教授和柯耀程教授采取相同的见解,都认为对向犯成立的基础在于行为主体间的对向关系而不是行为方向上的行为对向。值得注意的是,林山田教授在阐释对向犯的概念时,列举了通奸罪、受贿罪、重婚罪和受嘱托杀人罪的罪名,笔者以

---

① 参见蒋薇君:《论对向犯》,(台北)中正大学硕士论文,2006年,第62-63页。转引自李岚林:《对向犯研究》,武汉大学博士论文,2014年,第57页。

② 参见[德]克劳斯·罗克辛:《德国刑法学》(总论)(中译本),王世洲译,法律出版社2013年版,第108页。转引自李岚林:《对向犯研究》,武汉大学博士论文,2014年,第57页。

③ 参见柯耀程:《刑法总论释义——修正法篇》,元照出版有限公司2006年版,第386页。转引自李岚林:《对向犯研究》,武汉大学博士论文,2014年,第60页。

④ 参见林山田:《刑法通论》(下),北京大学出版社2012年版,第93页。

为,通奸罪、受贿罪和重婚罪这三个罪名符合林教授的对向犯理论,但林教授把受嘱托杀人罪也归为对向犯的类型似乎还值得商榷,因为受嘱托者与嘱托者很难说是立于一种主体间的对向关系。①

(三)以"行为对向"为判断标准的缺陷与反思

如上所述,多数学者主张以行为方向的对立作为判断对向犯成立的基础,甚至被作为与聚众犯界分的基石。比如有学者认为,学说上之所以能将聚合犯与对向犯相区别,主要的原因是因为两者"行为加工方向的不同",换言之,从相同的方向、致力于同一目的的法益侵害的是聚合犯,而自不同方向、彼此朝同一目的相互合致加工的是对向犯。② 显然,该学者认为聚合犯与对向犯的分类标准是基于参与人"行为方向的不同",并非基于行为目的的不同或参与主体立于对向关系。

尽管这种以"行为方向"的对立来判断对向犯成立的观点是理论上的通说,但在适用上也并非没有质疑。如前述的柯耀程教授和林山田教授皆主张以行为主体立于对向关系作为判断对向犯成立的基础,此外,还有学者认为,"严格来讲,把刑法当中的某一些所谓必要共犯类型理解为彼此相互对立之意思经合致而成立之犯罪,因此区分出对向犯与聚合犯概念,或是所谓平行一致与对立一致性的关系,显然出于对犯罪之基本意义的误解。因为在犯罪的基本意义上,要讲两个人的行为方向是平行或是对立,应该是从法益侵害的方向来讲的,而不是从行为的外在现象来讲的(否则某甲与某乙,一个从东边,一个从西边,开枪射杀某丙,更是所谓对向犯)。以此而言,不管是所谓的聚合犯或对向犯,他们的法益侵害方向永远是一致的"③。诚然,作为人的有意识的行为举止,应是朝向可能造成侵害的方向,并非两个人面对面站着互相为行为即可称得上行为方向对立,倘若如此理解的话,则恐流于形式而且也无理论上研究的价值。④

尽管黄荣坚教授认为只要掌握构成要件的内容,即可凸显必要共犯事实形态上的不同类型,因而所谓聚合与对向的说法纯属多余,但是,其提出来的行为方向应从法益侵害的角度来把握的观点还是很有见地的,对"行为对向说"的批判殊值赞同。依循黄庭坚教授的思考,则对向犯的双方行为人的行为势必也相同的朝向法益侵害结果的方向,自然不会产生"行为对向"关系,那么以"行为对向"作为判断对向犯成立的核心基础显然存有疑问,另外,依多数学者的见解,从对向犯的结构来看,参与者具有各自不同的目的而往同一目标进行侵害,则难免令人产生这样

---

① 相同的观点参见李岚林:《对向犯研究》,武汉大学博士论文,2014年,第59页。
② 参见林书楷:《论犯罪之典型共同加功——必要共犯理论之研究》,(新北)辅仁大学博士论文,2005年,第24页。
③ 黄荣坚:《基础刑法学》(下),中国人民大学出版社2009年版,第490页。
④ 参见蒋薇君:《论对向犯》,(台北)中正大学硕士论文,2006年,第64页。

的困惑:参与者具有不同的目的是从主观面向上的考察,而往同一目标进行侵害则是侵害行为表现于外部的客观状态,如何能从这样的主客观面的结合判断出参与主体间的行为是对立的?"毕竟,若单纯由外部之行为状态观察,实在无法肯定行为主体间之行为是对向的,因为此时对向的只有行为之动作,而非行为本身,若运用大多数学说见解来剖析对向犯,则是否只要甲乙两人对面,且拿枪互射即可能成立对向犯?"①很显然,刑法上的对向犯并不是处理这类案例类型的,而是具有更深刻的内涵。

前已述及,从行为样态上来观察,柯耀程教授把对向犯区分为行为形式一致的对向犯和行为形式不一致的对向犯,前者典型的如赌博罪,后者典型的如贿赂罪。如果说"行为对向说"对于贿赂罪或通奸罪等行为形式不一致的对向犯还具有适用上的妥适性的话②,对于解释赌博罪这样的犯罪类型则力有不逮,因为从犯罪结构上观察,赌博罪的各个行为主体都有通过偶然的输赢来获取财物利益的犯罪意思,客观上呈现于外部的也是一样的实现构成要件行为,刑罚法规给予每个行为主体的评价非难关系也完全相同,于此,则以"行为对向"来阐释很勉强。③

"行为对向说"之所以会出现理论上的缺陷,其主要原因在于在确定评价客体阶段,"行为对向说"将行为主体与行为进行割裂评价,无视行为乃行为主体之发动的事实,没有将行为主体与行为进行一体观察。倘若于确定评价客体阶段,纳入行为主体要素,把行为视作行为主体的产物,把行为主体视作行为的发动者,无疑更能廓清对向犯的结构关系。④

尽管从犯罪结构上观察,二者的行为样态存有显著差异,但由于赌博罪与贿赂罪同为对向犯类型,那么在对基本概念的判断适用上,自然应采同样的判断基准。换言之,"在犯罪判断上,必须先经过相同之标准认定属于对向犯后,才能进入应归属于类似贿赂罪之类型,或者应归属于类似赌博罪之类型之判断"④。既然如此,在阐释对向犯的行为结构时,由于"行为对向"的判断标准无法把对向犯的所有类型都涵摄在内,自然应舍弃这种判断标准转而求助于另外的判断标准。

三、对向犯行为结构的再架构

前已述及,在对刑法上的行为理论进行介绍和辨析后,针对行为概念的组成,笔者赞同罗克辛教授提出来的,将"个人的行为概念"作为判断刑法上行为的基准。这种行为概念的最大特色在于,在对行为判断之际,导入了行为人要素,把

---

① 参见蒋薇君:《论对向犯》,(台北)中正大学硕士论文,2006年,第64页。
② 这类犯罪的行为样态仅从外观上观察可以看出其呈现出一来一往的对向性关系。
③④ 参见蒋薇君:《论对向犯》,(台北)中正大学硕士论文,2006年,第64-65页。

行为看作是行为人的产物。依据这样的思考脉络,在对对向犯的行为结构进行剖析时,也应依照相同的标准来进行。具体言之,运用"个人的行为概念"来审视对向犯的行为,则可以发现这些行为都是由对向犯的参与主体而开启,行为是这些行为主体人格意识的展现,在判断对向犯的行为结构时,我们不能只着眼于行为人表现于外的加工行为,也应该关注开启这些行为的行为主体。在对向犯中,行为仍旧保持了其中性色彩,只是多了一层行为由行为主体所发动的意涵。经由如此之理解,就对向犯而言,从行为层面观察不会产生行为方向是否不同的争议,因为行为就是针对行为客体所发动,行为都是朝着法益侵害的方向进行,当然不会产生行为方向相不相同的问题,在对向犯中真正产生对向关系的,只能是行为主体,行为主体间的对向关系是对向犯的最核心的基础。"个人的行为概念"因为将行为主体一并纳入行为的意涵之内,不仅仅使行为概念更加完整,而且更能发挥筛选适于成为刑法评价客体的功能,"个人的行为概念"对于对向犯的行为结构分析也可以提供妥适的解决办法。所以笔者舍弃学理上传统的行为对向模式,而另从行为的基本形象中架构对向犯应有的行为结构。

在对向犯的结构关系上,就对向犯复数的行为主体间的关系而言,每个参与者的行为仅仅发生于参与者之间,参与者的行为都在对向犯的整体中出现,对向犯的行为整体地存在于各个行为主体内部,行为所生的影响也仅仅及于行为主体之间而不会及于参与主体之外的其他人,这就决定了每个参与者发动的行为对象存在于参与主体彼此之间,不会及于外人,各参与者所为行为的整体效应也存在于参与者内部,不会扩及对向犯参与主体之外的人。换言之,"由于参与主体及其所为之行为集合而形成一个包覆之整体,且在对向犯中,每个参与者皆立于主体地位而开启一个行为历程,因此,每个主体所为之行为其实系同时存在于形成对向关系之整体中,据此以观,主体间所为之行为因系以参与犯罪之其他主体为行为对象,故而,在对向犯中存在之数行为,彼此间系交错的存在"①。

所谓的"交错的存在"其实是就行为间主体与客体相对立的状态。赌博罪是阐释这种对立状态的最好的例子。假设三个行为人甲、乙、丙参与赌博,甲、乙、丙每人皆立于行为主体地位而单独开启一个赌博行为历程,甲的赌博行为显然是以另两个行为人乙和丙为行为对象的,对于行为主体乙发动的赌博行为而言,显然是以甲和丙为行为对象的,对于丙发动的赌博行为而言,则是以甲和乙为行为对象的,而这三个行为主体发动的三个赌博行为同时存在,而组合为一个整体的赌博行为,由于主体间具有以他主体为行为对象的对向关系,可以推论出行为交错关系的存在。申言之,若自甲发动的赌博行为面向观察,可以发现当甲为行为主体时,乙和丙是其行为客体,当乙或丙为行为主体时,另外两人为其行为客体,这种侵害效

---

① 参见蒋薇君:《论对向犯》,(台北)中正大学硕士论文,2006年,第66—67页。

应的发生存在于形成对向关系的主体之间。对每一个行为主体而言,他不仅仅是侵害效应的发动者,也是他行为主体发动的侵害效应的承受者,从这个意义上讲,对向犯的主体所为的行为是彼此交错的存在。①

特别指出的是,在对向犯的行为结构上,学界多数说历来认为"行为对向"是判断对向犯成立的基础,甚至还被当作与聚众犯区分的基石;少数说认为应舍弃"行为对向"而应从"行为主体对向"去把握对向犯的行为结构。"行为对向说"是一种强势理论,"行为主体对向说"是一种弱势理论。无论是研究法学其他学科还是研究刑法,做研究一定要从弱势理论入手,这样的研究才有意义。一种学说能够成为通说、成为强势理论固然值得称赞,但是一个观点、一种学说如果没有批判、没有反对的声音,未必就是一件好事。比如,我们刑法上前期的通说观点认为"着手"就是实施刑法分则规定的构成要件行为,倘若如此理解,那么杀人罪的着手时期就是开始实施杀人行为,盗窃罪的着手时期就是开始实施盗窃行为,这样显然无助于司法实践中认定杀人罪和盗窃罪的着手。因此,一个观点、一种理论只有可能受到批判、能够证伪的才可能是有实用价值的。做学术研究,应该敢于提出不同于强势理论的弱势理论,进而使这种弱势理论与强势理论进行辩驳,对强势理论有批判,才会有学术的真正发展。

---

① 参见蒋薇君:《论对向犯》,(台北)中正大学硕士论文,2006年,第67页。

第三章

对向犯的内涵、类型和构成特征

第一节 对向犯的内涵

1901年,弗罗伊登塔尔在其研究必要共犯的著作《犯罪的必要共犯》里第一次提出可把必要共犯再区分为聚众犯与对向犯两种类型。从1901年首次提出对向犯的概念以来,迄今已有一百多年的时间,学界对于对向犯的内涵仍时有争论,并未达成一致的看法。以下笔者先对中外理论上关于对向犯内涵的观点做简要介评,然后在前文分析对向犯的行为结构的基础上归纳出对向犯的应有的内涵。

一、主要刑法学者的观点

德国学者弗罗伊登塔尔认为,对向犯是指复数必要参与者实行相同的行为方式的犯罪类型;罗克辛教授认为对向犯是指多名参与人从相互对立的方向来谋求同一个目标的犯罪类型[1];李斯特教授认为对向犯是指个别的共同加工行为是自不同方向汇聚而来,且相互补充地共同组合成所描述的整体形象的犯罪类型[2];还有学者认为对向犯是指参与人的行为虽然也是指向同一目标,但各参与人来自不同的方面,行为在一定程度上是相互交合在一起的犯罪类型。由此可见,在德国学理上,学者们关于对向犯的概念,一是强调复数参与者的必要性;二是强调参与主

---

[1] 参见[德]克劳斯·罗克辛:《德国刑法学》(总论)(中译本),王世洲译,法律出版社2013年版,第108页。转引自李岚林:《对向犯研究》,武汉大学博士论文,2014年,第39页。

[2] 参见[德]弗兰茨·冯·李斯特:《德国刑法教科书》(中译本),徐久生译,法律出版社2006年版,第358页。

体及其行为彼此之间的关联性。我们从各位学者对对向犯的不同定义可以看出,有的学者把对向犯的对向关系立于"主体对向"来理解,有的学者则把对向关系立于"行为对向"来理解,明确指出参与者的行为是从不同方向汇聚而来。

日本刑法上把对向犯置于必要共犯的下位概念来进行研究,学者们对何谓对向犯也是仁者见仁,智者见智。如野村稔教授认为,对向犯是指在犯罪构成上预先设定了复数行为者的双向行为的犯罪[①];大塚仁教授称,对向犯又叫对立的犯罪,是以存在两个以上的行为人相互对向的行为为要件的犯罪[②];有学者认为对立性的犯罪也称为对向犯,是指犯罪构成需要有两个以上的行为者对立地指向同一目标的犯罪行为;有学者认为所谓对向犯,正如重婚罪、贿赂罪,是在构成要件上,以两个以上的人的相互对向的行为为必要的犯罪。[③] 一般来说,对向犯的双方都进行处罚,但是,正如散布、贩卖淫秽物品罪一样,也有仅处罚对向人(贩卖人)一方的场合。[④] 由此可知,尽管各位学者的表述不同,但都认为对向犯的本质是参与者的行为存在对向关系。

在我国台湾地区,学者多是依据台湾地区"最高法院"判例的观点来界定对向犯的内涵。[⑤] 如甘添贵教授认为,对向犯是指在构成要件上,虽仅预定了一人的行为,但充足该构成要件的内容,则需有利于对向关系的他方(排除被害人或犯罪侵害的客体)一定行为的协力才能成立的犯罪[⑥];洪福增教授认为,对向犯是指"两人以上在各自目的上,向同一目标进行,而以他人之对立或对向行为为构成要件内容的犯罪"[⑦];陈子平教授认为,"所谓对向犯,指参与之多数人处于各自相对的关系者,即二人以上之行为处于相对关系者,例如'台湾刑法'第 122 条贿赂罪、第 237 条重婚罪、第 239 条通奸罪、第 296 条之一买卖质押人口罪,等等"[⑧];黄荣坚教授认为,对向犯是指"二个或二个以上之行为人,彼此相互对立之意思经合致而成立之犯罪,例如贿赂、赌博、重婚等罪均属之"[⑨];余振华教授认为,对向犯"系指在构成要件上系以二行为人为相对角色而相互实行犯罪的犯罪类型,例如受贿罪、贩卖

---

① [日]野村稔:《刑法总论》,全理其、何力译,法律出版社 2000 年版,第 381 页。
② [日]大塚仁:《刑法概说(总论)》,冯军译,中国人民大学出版社 2003 年版,第 234 页。
③ [日]木村龟二:《刑法学词典》,顾肖荣译,上海翻译出版公司 1991 年版,第 345 页。
④ [日]大谷实:《刑法总论》,黎宏译,法律出版社 2003 年版,第 296 页。
⑤ 我国台湾地区"最高法院"1992 年"台上字"第 233 号判例,该判例认为对向犯是指两个或两个以上的行为人,彼此相互对立的意思经合致而成立的犯罪。
⑥ 参见甘添贵:《刑法案例解析》,元照出版公司 1999 年版,第 167 页。转引自蒋薇君:《论对向犯》,(台北)中正大学硕士论文,2006 年,第 34 页。
⑦ 洪福增:《论必要共犯》,载《刑事法杂志》,1985 年第 2 期(总第 29 卷),第 37 页。转引自蒋薇君:《论对向犯》,(台北)中正大学硕士论文,2006 年,第 34 页。
⑧ 引自李岚林:《对向犯研究》,武汉大学博士论文,2014 年,第 41 页。
⑨ 黄荣坚:《基础刑法学》(下),中国人民大学出版社 2009 年版,第 489 页。

陈列猥亵物品罪、重婚罪、通奸罪、受嘱托杀人罪与买卖质押人口罪等"①;林山田教授认为,对向犯是指"所有参与者在犯罪实施过程中,也有扮演相对角色的犯罪,例如受贿罪、通奸罪、重婚罪与受嘱托的杀人罪等"②。

由于各位学者观察的侧重点不同,因而对对向犯的内涵界定也有显著差异。首先,关于对向犯的行为主体部分,有学者强调彼此间具有各自目的,有学者强调彼此间相互对立,还有学者仅仅强调行为主体扮演相对角色,但是不管各位学者对行为主体的内涵如何界定,都没有清楚地显现行为主体的特征,行为主体的概念空洞贫乏。其次,对向犯成立的核心在于具有对向关系,各位学者的论述中透过"相互对立""相对角色""对向行为"等词语的表述,实际上已经蕴含这层特色,但是对向关系的本质究竟若何,学者间尚有争议,这也成为制约对向犯理论发展的一个重要的瓶颈。

在我国大陆刑法学界,长久以来一直存在否定对向犯的观点。③ 一种观点从否定我国刑法中存在必要共犯的角度进而否定对向犯的概念,例如,马克昌先生认为,由于任意共同犯罪和必要共同犯罪的分类没有涉及共同犯罪的内部结构和结合方式,因而也就无法区分共同犯罪的形式,任意的共同犯罪和必要的共同犯罪都具有犯罪集团的共同犯罪形式就可以说明这一点。④ 刘明祥教授更是认为,必要共犯的观点,不仅与刑法的规定不符,而且对司法实践极为有害。因为,既然肯定有些聚众性、集团性、对向性犯罪必须由二人以上共同犯罪才能构成,那么,一人以实施该种犯罪为目的,而组织他人或聚众犯罪未遂;或者一方蒙骗另一方共同实施犯罪,在他人不构成犯罪的情况下,要么就都不能作为犯罪处理,要么就都得当犯罪处罚。如果说都不构成犯罪,势必会放纵犯罪;如果都作为必要共同犯罪人来定罪量刑,则又会罪及无辜。⑤ 显然,马先生和刘明祥教授都从否定必要共犯的角度而反对对向犯的概念。除此之外,还有一种观点尽管承认必要共犯的观念,但却认为必要共犯不包括对向犯。这种观点认为必要共犯只包括聚众犯罪和有组织犯罪或集团犯罪两种形式,对向犯不属于必要共犯。⑥ 这种观点还以受贿与行贿、重婚与相婚为例来论证,认为行贿与受贿在大多数情况下存在着对向性,但是考察二者的主观面与客观行为面向的话,可发现二者存有本质区别,二者成立的罪名也各自

---

① 余振华:《刑法总论》(下),三民书局出版社2011年版,第351页。转引自李岚林:《对向犯研究》,武汉大学博士论文,2014年,第41页。
② 林山田:《刑法通论》(下),北京大学出版社2012年版,第93页。引自李岚林:《对向犯研究》,武汉大学博士论文,2014年,第41页。
③ 我国大陆学者对对向犯的称谓较为混乱,大致有对向犯、对行犯、对合犯、对偶犯等。
④ 参见马克昌:《犯罪通论》,武汉大学出版社2006年版,第523页。
⑤ 刘明祥:《我国刑法没有规定必要共犯》,载《法学杂志》,1990年第3期,第22页。
⑥ 参见赵秉志:《新刑法教程》,中国人民大学出版社1997年版,第210页。

独立,自然也就称不上是共同犯罪。① 笔者以为,必要共犯和对向犯的存在是不争的事实,把必要共犯置于最广义的共犯概念之下进行研究可以使必要共犯获得很大的理论发展空间。我国学界对对向犯概念界定大致有以下四种代表性的观点:

第一种观点为最狭义的对向犯概念。这种观点以把对向犯的成立限于必要的共同犯罪内为特色,并且认为只有行为主体共犯一罪才能构成对向犯。主张这种观点的学者认为,必要共犯是以共犯一罪为特征的,因此,只有在共犯一罪的情况下才构成对合犯。例如已有配偶的男女与对方重婚,是对合犯的适例,而受贿罪与行贿罪虽则合称贿赂罪,但并不能称为对合犯。以往的刑法理论中,对于对合犯有理解过于宽泛之嫌,这是不妥当的。②

第二种观点为狭义的对向犯概念。这种观点仍然把对向犯局限于必要的共同犯罪范围之内,但不同于第一种观点的是,这种观点只要求实施对向行为并且具有对应关系的双方构成犯罪,但不要求双方构成同一罪名。依此观点理解的话,那么出售假币罪与购买假币罪、行贿罪与受贿罪,尽管行为主体双方触犯的罪名不相同,仍然成立对向犯。

第三种观点为广义的对向犯概念。其特色在于把具有对应关系双方并且实施了对应性行为的才评价为对向犯,只要求至少一方的行为受到刑法的否定评价而构成犯罪。③ 例如,张明楷教授就认为,"对向犯(对立的犯罪),是指以存在二人以上相互对向的行为为要件的犯罪。对向犯分三种情况:一是双方的罪名与法定刑相同,如重婚罪;二是双方的罪名与法定刑都不同,如贿赂罪中的行贿罪与受贿罪;三是只处罚一方的行为(片面的对向犯),如贩卖淫秽物品牟利罪,只处罚贩卖者,不处罚购买者"④。

第四种观点为最广义的对向犯概念。这种观点主张把对向犯的成立范围进一步扩大,即只要存在具有对应关系的双方行为主体,即使不存在相互具有意思联络的对应行为,仍然成立对向犯。如甲违反法律规定向乙出售枪支,即使乙拒绝购买枪支,甲和乙的行为仍成立对向犯。⑤

二、对向犯应有内涵的诠释

我国大陆刑法理论界学者们对对向犯的概念和成立范围未达成一致意见。笔

---

① 参见高铭暄:《刑法专论》(上编),高等教育出版社2002年版,第342页。
② 参见陈兴良:《论犯罪的对合关系》,载《法制与社会发展》,2001年第4期,第55-60页。
③ 参见张磊:《对合犯理解的新角度》,载《辽宁教育行政学院学报》,2006年第3期,第13-14页。
④ 张明楷:《刑法学》,法律出版社2007年版,第312页。
⑤ 参见李行君:《对向犯问题研究》,南昌大学硕士论文,2008年,第4-5页。

者以为,最狭义的对向犯概念把对向犯仅仅限定为双方触犯同一罪名的必要共犯范围之内,如此会使对向犯的成立范围过于狭窄;狭义的对向犯概念尽管不要求双方触犯同一罪名,但由于其仍将对向犯局限于双方都构成犯罪的情形,所以,对最狭义对向犯概念的批判也适用之;最广义的对向犯概念由于认为成立对向犯只需要存在对应关系的行为主体,不需要存在相互配合的对应行为即为已足,似乎又走上了另一个极端,把对向犯的成立范围过于扩大了,实为不妥。日本著名的刑法学家大塚仁教授认为,"对合犯从处罚的形式来看,有的对对向犯的双方规定着同一法定刑,有的规定着不同法定刑,此外,也有只处罚对向者一方的。只处罚对向者的一方的对合犯包括不受处罚的对向性行为性质,不少具有刑法学的意义"[①]。从此意义上讲,笔者较为赞同广义的对向犯概念,这种定义对对向犯的成立范围的框定是合理的,这种意义上的对向犯才具有理论上的研究价值,但是笔者不赞同广义的对向犯概念把对向犯的成立基础定位于"行为对向"。

在笔者看来,对对向犯的概念界定,关键是要从两大要件上进行把握:其一,必须有复数行为主体的存在;其二,行为主体间具有对向关系。构成对向犯必须有复数行为主体的存在,这在学界已经达成共识,稍有异议的是对复数行为主体的理解,多数学者理解为二人以上为行为主体,少数学者主张对向犯的构成是以二人为主体。[②] 笔者以为,行为主体的多少对于对向犯的成立而言,并无决定性的影响,对向犯的核心乃在于行为主体具有的特殊品性上,少数学者的观点有把传统理论上认可的赌博罪排除在对向犯成立范围外之虞,并不妥当,因而仍应以成立对向犯需具备二人以上行为主体为宜。

对向犯既然为必要共犯的一种,自然要求行为主体具有复数性,多数学者论及了对向犯成立的复数主体的必要性,但鲜有学者注意到复数主体之间的关联性。尽管有个别学者主张行为主体间扮演相对角色的观点,但这种理解过于宽泛,按照这种理解,只要参与实施的行为主体间具有主体与客体的角色关系的犯罪,就成立对向犯。例如,甲用刀砍杀乙导致乙死亡之例,从故意杀人罪的构成要件来看,杀人者甲为行为主体,乙为其行为客体,甲和乙居于相对角色的地位,则故意杀人罪也是对向犯了。由此进一步延伸,则所有存在被害人(法益受侵害的人)的犯罪都有成立对向犯的可能。然而,学说上所研究的对向犯绝不是为了处理这类案例事实。之所以会产生这样的谬误,主要在于没有深刻地理解对向犯主体所具有的特殊性所致。已如前述,对向犯的行为主体间具有不同于一般犯罪主体的特殊品性,最明显的表现就是这种犯罪类型的行为主体一方面具有某种程度的行为人功能,另一方面又同时属于犯罪被害人。按照德国学者佐瓦达的说法,对向犯的必要

---

① [日]大塚仁:《刑法概说》(总论),冯军译,中国人民大学出版社2003年版,第270页。
② 参见林东茂:《刑法综览》,中国人民大学出版社2008年版,第219页。

参与者具有"功能性双重角色",这也正是对向犯的行为主体间具有对向关系的本质。"在对向犯中,应从行为主体和行为客体对于整个犯罪结构所产生的影响来观察,只有界定出行为主体和行为客体具有的特定功能和地位,才能进一步探究对向犯参与者是否具有此特质。行为并非单纯由行为主体发出即可,还必须有其侵害的动向及行为的客体,才能得出行为的整体形貌。"① 从对向犯这种犯罪类型的犯罪结构关系上看,行为主体除了是发动各该行为事实的行为主体外,还必然以对向的其他行为主体为其行为的对向。至此,笔者认为对向犯的内涵为:以兼具行为主体和行为客体双重功能角色的复数主体的参与实施为必要条件的共犯形态。

第二节 对向犯的类型

对一个概念进行类型化分析,有助于深化对抽象概念的理解,摆脱纯粹概念性思考的局限,对向犯自然也不例外,为了更深入地把握对向犯,有必要对其进行类型化研究。对于对向犯的类型,中外学者常常采用两种标准来进行划分,一种是基于刑法对对向犯的行为主体的评价的差异进行划分,另一种是按照对向犯本身行为的属性来进行划分。这两种区分的标准不存在冲突,前者是一种立法方式或立法技术的划分,后者则是在对向犯行为内容基础上的划分。

一、基于刑法不同评价的类型划分②

考察各国刑法对向犯的立法规定可以发现,刑法对对向犯的行为主体所实施的行为评价并非等量齐观的,立法上对对向犯的行为主体所实施的行为往往设定不同的评价非难关系,因而这也成为国内外学者们在研究、论述对向犯时的一种常态的类型划分依据。比如,日本的西田典之教授就依据此标准把对向犯划分为三种类型:"对于参与者予以同等处罚的类型(重婚罪)、对于参与者予以不同处罚的类型(行贿、受贿罪)、对于显然可以预见的对向性行为不予处罚(缺乏处罚规定)的类型(散发淫秽物品中的购买行为)。"③ 张明楷教授认为,刑法规定的对向犯一般分为三种类型,一是双方的罪名与法定刑相同(如重婚罪);二是双方的罪名与法定刑都不同(如贿赂罪的行贿与受贿);三是只处罚一方的行为(片面的对向

---

① 参见柯耀程:《刑法实例解析——行为事实之分析》,载《辅仁法学》,2004年总第28期,第259页。转引自李岚林:《对向犯研究》,武汉大学博士论文,2014年,第43页。
② 就对向犯如何具体适用刑法总则的共犯规定这点而言,对向犯的类型区分具有重要意义。
③ [日]西田典之:《日本刑法总论》,刘明祥等译,中国人民大学出版社2007年版,第309页。

犯,如贩卖淫秽物品一般只处罚卖者一方,不处罚买者一方)。① 陈家林教授也认为,"对向犯包括三种类型:一是对参与者双方处以同一法定刑的类型,如重婚罪;二是对参与者双方处以不同法定刑的类型,如受贿罪与行贿罪;三是法律只处罚对向行为中的一方的犯罪类型,这又被称为片面的对向犯,如贩卖淫秽物品罪"②。我们可以把这三种类型的对向犯分别称为同罪同刑的对向犯、异罪异刑的对向犯和片面对向犯。

二、基于对向犯行为属性的类型划分

有学者根据对合行为中双方依存形态的不同,把对向犯区分为以下四种基本类型:

第一,对象转移型。即对合行为以某种具体的行为对象从一方转移到另一方为内容,表现为一方给予或提供对象物,另一方接受该对象物。典型的如行贿和受贿中,行贿者给予受贿者财物,受贿者则接受该财物。

第二,原因结果型。即对合一方以引起或造成另一方实施一定的行为为内容,而另一方则以实施该行为为内容,前后之间存在因果联系。比如引诱卖淫行为与被引诱者的卖淫行为形成的对向犯。

第三,双方互动型。即对合双方对向实施相同性质的行为,并认为属于这种类型对向犯的典型有重婚罪、赌博罪等。

第四,协力加工型。即对合行为中,一方实施某种危害行为,而另一方则为他实施这种行为进行物质或行动上的帮助,例如容留卖淫的行为与卖淫行为所形成的对向犯。③

有学者认为可以根据对向关系的表现,把对向犯分为买卖关系的对向犯与管理关系的对向犯等④;有学者认为可以根据对向犯双方行为的逻辑联系,把对向犯分为纵向对向犯和横向对向犯。所谓的纵向对向犯是指对向双方的行为人从逻辑上看构成一个前后衔接的统一体,即双方行为具有逻辑上的先后顺序。所谓的横向对向犯是指双方行为从逻辑上不存在前后关系,而是一种平行关系。比如贿赂罪是典型的纵向对向犯,而重婚罪则是一种横向对向犯。⑤

除了以上这几种对向犯的常见分类外,还有学者提出可以根据行为人双方可

---

① 张明楷:《外国刑法纲要》(第二版),清华大学出版社2007年版,第298页。
② 参见陈家林:《外国刑法通论》,中国人民公安大学出版社2009年版,第488页。
③ 参见刘士心:《论刑法中的对合行为》,载《国家检察官学院学报》,2004年第6期,第29-35页。
④ 参见侯斌:《论对向犯》,载《西南民族大学学报》(人文社科版),2005年第6期,第202-204页。
⑤ 参见吴振兴:《犯罪形态研究精要》,法律出版社2005年版,第680页。

能触及的罪名之间的关系,把对向犯分为绝对对向犯和相对对向犯。所谓绝对对向犯是指双方对向行为可能触犯的罪名之间呈现一种一一对应的关系,不存在其他的可能;而相对对向犯是指双方对向行为可能触及的罪名并非一一对应关系,而是一种一对多,甚至是多对多的关系。该学者以拐卖妇女儿童罪和行贿、受贿进行了具体说明。①

三、对向犯类型之浅见

以上学者所提出来的这些对向犯类型,都从侧面揭示了对向犯的面貌,有助于对向犯理论研究的深化,但是,这些分类并不能涵盖所有的对向犯类型。研究对向犯的分类的目的无非是明了其共性和差异,更深刻地把握对向犯的内涵,从此角度而言,笔者赞同根据对向犯行为方式的差异,把对向犯分为行为形式一致的对向犯和行为形式不一致的对向犯。

行为形式一致的对向犯是指对向犯的行为主体间的行为形式相同,由于这种类型的对向犯的行为主体间的行为形式相同,因此,立法上常常以单一构成要件的形式对之进行规范,例如,我国刑法上的重婚罪、赌博罪就是这种行为形式一致的对向犯的典型。以重婚罪为例,由于重婚必须存在两个行为人,这两个行为人必须共同实施重婚行为,两个行为人所为的重婚行为都以对方为其行为对象,因此,行为主体间具有对向关系;就重婚行为来看,每个行为主体都是实施相同的重婚行为,因此,其行为形式是一致的,对于参与重婚行为的行为人,《刑法》也仅仅以第258条予以规范。也正是由于行为主体间所为的行为形式完全一致,因此,从犯罪结构上观察的话,对行为主体的评价也应一致。

行为形式不一致的对向犯是指对向犯的行为主体间的行为形式不相同。由于这种类型的对向犯的行为主体间所为行为形式不同,因此,在构成要件规范上一般以不同的构成要件形式予以规范②,例如,我国刑法上的行贿罪和受贿罪即是这种类型对向犯的典型。由于行贿人和受贿人都分别以对方作为其行为对象,因而行为主体间具有对向关系,就行为主体间所实施的行为来看,一为行贿行为,一为受贿行为,行为形式相异,对于行贿人和受贿人,刑法也不是以相同的构成要件予以规范,而是分别以《刑法》第389条和第385条予以规范。从犯罪结构发展历程来看,由于行为主体间行为形式不一致,因而所形成的评价非难关系也不一致,行为主体获得的评价也不一样。

---

① 参见吴振兴:《犯罪形态研究精要》,法律出版社2005年版,第679-680页。
② 《刑法》有时也以相同的构成要件形式予以规范,例如《刑法》第350条的非法买卖制毒物品罪,《刑法》第375条的买卖武装部队公文、证件、印章罪等。

第三节 对向犯的构成特征

小野清一郎教授曾经指出,"共犯是刑法总则中的构成要件的一般修正形式,必要共犯则是特殊的构成要件问题"。① 既然如此,作为必要共犯子类型的对向犯,必然有自己区别于其他犯罪形态的特殊的构成特征,把握好这些构成特征,就能把对向犯与其他犯罪形态区别开来,也有利于解决对向犯的一些疑难复杂问题。

一、学界观点综述

理论上对对向犯的构成特征也进行了一些研究,但是由于学者们观察的角度不同,因而对对向犯的构成特征的观点也各异其趣。理论上的现有主要观点如下:

有学者把对向犯的构成特征概括为三个:①主体的双方性,认为对向犯的首要特征即在于必须具有处于对应位置的双方行为主体,否则就不成立对向犯;②行为的对应性,认为对应性行为是指处于对应位置的双方的密切配合而使犯罪得以完成的行为;③至少有一方行为受到刑法的否定性评价。②

有学者认为对向犯自身的基本特征有三个:①犯罪法定刑,即对向犯的对向性行为是由刑法分则明确规定的,对向犯是一种法定的犯罪形态;②主体的双方性和依存性,即对向犯要求双方参与者处于相对应的位置,从对应的角度实施对向的行为;③双方行为的对应性,即认为双方行为应密切配合、相互呼应、相互依存,形成统一的对向整体。③

有学者认为对向犯的构成特征有四个:①主体双方性,即认为需要有相互对应合作的双方,并且认为这是对向犯存在的前提;②行为对应性,即要求双方主体从对应的角度实施对应的行为,双方必须处于对应的位置;③结构依存性,即对向犯双方主体的对应性行为在结构上必须有一定的依存关系,一方行为的实施或完成必须依赖另一方行为的存在;④至少一方行为主体受到刑法的否定评价。④

有学者认为对向犯的构成特征应从形式特征和实质特征两个层面来把握,该学者把对向犯的形式构成特征归纳为:①行为的复数性,即构成对向犯至少要有两

---

① [日]小野清一郎:《犯罪构成要件理论》,王泰译,中国人民公安大学出版社2004年版,第145页。
② 参见马国旭:《对合犯问题研究》,辽宁大学硕士论文,2011年,第4页。
③ 参见李行君:《对向犯问题研究》,南昌大学硕士论文,2008年,第6页。
④ 参见丁琪:《对合犯问题研究》,华东政法大学硕士论文,2011年,第15-16页。

个以上的行为;②行为的对行性,认为这是对向犯的最主要特征,也是双方行为所表现出的外部特征;③主体的对立性,认为行为依赖的主体彼此应处于相对立的地位;④刑法的否定性评价,认为对向犯至少有一方行为主体应受到刑法的否定性评价,同时,该学者联系共犯的规定对对向犯的实质特征也进行了详尽的分析论证。①

有学者认为,对向犯的构成特征包含五个:①犯罪主体的复数性,即认为在对向犯中主体必须具有二人以上,包括自然人和单位;②客观行为的对向性,认为复数行为主体间存有对向关系,这是区别于多众犯的关键;③侵害法益的同一性;④主体双方的受益性,即认为对向犯的双方都是既得利益者;④主观故意的差异性,即认为虽然对向犯的双方都具有犯罪的故意,但是由于对向犯的对向性而导致故意的较大差异。

上述学者对对向犯构成特征的概括都从某些方面揭示了对向犯的构成特征,但对对向犯构成特征的把握都不完整,并且都存有一定的偏差甚至是谬误。究其原因,主要是学者们对对向犯本质的把握几乎都是困囿于"行为对向"的限制,因而都不可能正确地把握对向犯的构成特征,事实上,应在重新界定对向犯实质内涵的基础上,对对向犯的构成特征进行审视和剖析。对向犯的本质是行为主体的对向,应把对向犯定义为:以兼具行为主体和行为客体双重功能角色的复数主体的参与实施为必要条件的共犯形态。对向犯可以区分为行为形式一致和行为形式不一致的两种类型,因而,笔者接下来也就两种类型的对向犯来分别解构其构成特征。

二、"新四特征说"之提倡

如上所述,笔者不赞同现有理论对对向犯构成特征的概括,提倡"新四特征说",即:①两个以上的行为主体;②主体具有功能性双重角色;③必要的加工行为的交错合致;④内生的评价非难关系。以下具体论述。

(一)行为形式一致的对向犯的构成特征

1. 两个以上的行为主体

行为形式一致的对向犯是指行为主体间具备对向关系,并且各个行为主体所实施的行为是一致的对向犯类型。作为必要共犯的子类型,这种形式的对向犯必然也需具备必要共犯的基础条件,因而,需要存在两个以上行为主体自不待言,若仅仅存在单方行为主体,自无成立必要共犯的可能,遑论成立对向犯,这里的行为主体既包括自然人也包括单位。每个行为主体都居于发动者的地位,都单独的开

---

① 参见席梦:《对行犯论纲》,郑州大学硕士论文,2010年,第11-14页。

启一个行为事实。

从刑法分则规定的犯罪构成要件上观察,可以发现绝大多数情况下并未将行为主体含括于内,但对构成要件进行解释适用时,应当联系刑法总则的规定,而刑法总则对行为主体存在一般性的规定,所以尽管在犯罪分析上,行为主体通常非为注目的焦点,但在本质上它是存在于犯罪结构之中的。另外,就对向犯来讲,通常对于行为主体没有特殊资格的要求,但是对于有些对向犯则要求必须具有某种特定身份资格的人才能构成,例如有的国家刑法规定的血亲相奸罪即适例。由此可知,尽管行为主体只在一些特殊对向犯类型中才会被特别提及,但实际上每个对向犯中都一定会存在两个以上行为主体,只是较少被凸显出来而已,并非意味着其不存在。相反,由于行为主体是行为的源生者,行为主体不仅仅在对向犯行为事实结构关系中处于发动者的地位,而且,在评价关系中,行为主体也应先于客观行为进行判断,这是逻辑上的必然。

2. 行为主体间具有对向关系——主体具有功能性双重角色

从第二章的有关论述可知,对向犯成立的最基础条件在于行为主体间具有对向关系,每个行为主体兼具功能性双重角色,即每个行为主体同时又是他行为主体的行为客体。在行为形式一致的对向犯类型中,对于成罪的判断,首先应审视参与犯罪的各个行为主体是否以其他参与主体作为其行为的对象,在犯罪评价上,关键是要使各个行为主体发动的行为能够结合在一起,而使之结合的基础在于必须使任意一个参与主体的行为对象能够与其他参与主体产生连结,即行为主体互以他方主体为其行为对象,只有每个主体兼具功能性双重角色,才能说具有对向关系。

在对向犯的犯罪结构关系中,"行为客体在犯罪形成结构中之功能系在判断行为之侵害动向,即透过行为客体所呈现之样态,可以显现出行为之侵害效应亦即整个评价非难关系之历程"①。行为客体在犯罪结构的形成中具有相当的重要性,从行为主体→行为→行为客体→评价非难关系的逻辑结构来看,行为客体在行为与评价非难关系之间起着媒介作用,行为并非单纯由行为主体发出即可,尚必须辅以其侵害之动向及承受行为之客体,方能得出行为之形貌。② 同样的,在对向犯中,透过行为客体的存在形式,必然有助于理解对向犯的成立。

需要指出的是,在刑法理论上通常区分行为客体与保护客体,行为客体是指行为所侵害或攻击的具体对象,而保护客体则是指构成要件所要保护的法益。德国刑法学者毕尔巴模(Birnbaum)最早奠定了法益概念的基础,经由黑格尔学派的大力推动,由宾丁与李斯特将法益提升为刑法体系的基本概念,法益概念成为刑法学

---

① 参见蒋薇君:《论对向犯》,(台北)中正大学硕士论文,2006年,第74页。
② 参见柯耀程:《刑法实例解析——行为事实之分析》,载《辅仁法学》2004年总第28期,第259页。

的核心概念。"法益是根据宪法的基本原则,由法所保护的、客观上可能受到侵害或者威胁的人的生活利益。"①依此理解,刑法上的法益就是刑法所保护的人的生活利益。一般来讲,行为客体直接或间接体现刑法的保护客体,不同的行为客体体现不同的保护客体,不能反映和体现保护客体的物,不能成为行为客体。② 法益概念作为一种抽象的存在,没有固定的形体,所以犯罪行为虽然侵害法益,事实上根本无法触及法益本身,所以需要具有媒介转化功能的行为客体的存在。

在对向犯中,行为主体以他方行为主体为其行为客体,因而行为客体是"人",每个行为主体所为行为产生的侵害效应也必然通过作为行为客体的"人"来体现。"人"作为行为客体,不同于组成犯罪行为之物,例如,贿赂是组成行贿罪和受贿罪之物而不是行为对象,赌资是组成赌博罪之物而不是行为对象。组成犯罪行为之物的功能仅仅在于作为行为媒介把犯罪行为的侵害效应达到所欲攻击的客体上,而非行为直接的攻击对象。对向犯的行为主体把与之具有对向关系"人"作为其行为客体,而排除参与主体之外的其他人,这一点正是对向犯区别于其他犯罪类型的特殊品性所在。

在行为形式一致的对向犯类型中,从犯罪成立的角度而言,要求每个行为主体必须以他参与主体为其行为客体,每个行为主体必然是他行为主体的行为客体,也就是说,每个行为主体其实同时担当着双重角色,这也正是对向关系的原始样貌。需要说明的是,主体间具有对向关系仅仅是构成这种类型的对向犯的一个基本条件,若从犯罪成立的角度考察,还需行为主体间犯罪意思的形成及交错行为合致等补充条件。

3. 必要的加工行为的交错合致

在大陆法系刑法学上,对犯罪成立的判断,一般是从客观的不法构成要件和主观的不法构成要件两方面来进行。主观上侧重于行为人的内在心理状态,行为事实总是在行为人的主观意思支配下而开启,因而无法不重视行为人的主观心理状态;客观上侧重于行为的外在发展历程,尤其是从前述的"人的行为概念"出发,如何把某种行为事实归属于行为人就成为一种重要的判断。但在客观形式上,存在着许多外在可能影响犯罪结果实现的因素,这些因素于某种程度上会使得犯罪产生质量上的变化,当然,行为人所实施的行为对于一个罪的实现具有一定的重要性,但在刑法理论上,因为最终将刑法对于犯罪的处罚效应归属于行为人,使得行为人所实施的行为是否会导致犯罪实现的效果,成为在客观上不得不忽视的过

---

① 参见张明楷:《法益初论》,中国政法大学出版社2000年版,第167页。
② 我国也有学者认为,如果不将犯罪客体(法益)作为构成要件,不将行为客体作为犯罪客体的要素,则没有必要强调行为客体本身体现保护客体。参见张明楷:《刑法学》,法律出版社2007年版,第150页。

程,简而言之,必须能具备此行为人造成了此结果的条件。①

从对向犯的犯罪形成结构来看,要求必须有复数主体存在,又由于每个行为主体都立于独立的地位而开启一个行为事实,因而在对向犯中必然存在复数行为。对向犯的复数行为间立于一种什么样的关系?笔者以为,在对向犯的结构上,必须有复数行为人的共同加工行为才能满足必要共犯的最低限度要求,因而,每个行为主体所发动的个别行为对于整个犯罪事实的产生都有某种程度的助益,这复数行为间必然产生一种交错合致的关系。"合致",意为一致、吻合,原本是民法上的概念,德国著名的历史法学派的大家萨维尼曾指出:"契约的本质,在于意思之合致。"②笔者在此借用"合致"一词,意指对向犯的复数行为彼此交错、相互补充。这种复数行为间的交错合致关系,意味着每个行为都和他行为相互依存、互为补充、交错存在,共同组成对向犯的整个犯罪行为事实。每个行为主体所实施的行为对整个犯罪的完成都提供某种助益,就要求每个行为与犯罪结果之间都存在因果锁链。

而行为与犯罪结果之间是否存在因果锁链,实际上就是二者之间的一种因果关系判断。至于刑法上的因果关系,理论上存在多种学说。由德国帝国法院刑事部推事布黎首倡的"条件说"认为,一切行为,只要在逻辑上属于结果产生的必要条件,即存在如果没有前者就没有后者的关系,则行为与结果之间就存在因果关系,主张所有条件具有同等的原因力,因而又被称为"等价说"③。由于这一学说认为所有的条件关系都是刑法上的因果关系,因而其处罚范围广成为特色,也正因为此而被其他学说广为批判。归纳来看,对"条件说"的主要批判是:首先,条件说的处罚范围过于宽泛或苛刻;其次,它不承认不同的必要条件对于结果所起作用程度上的差别,而认为所有条件等值,这显然不符合实际;最后,"条件说"将原因与责任等同也存在不合理性。④ 尽管"条件说"的主张者也针对批判观点提出了有力的反论及提出"因果关系中断论"来对其观点进行修正⑤,但对其质疑的声音仍不绝于耳。在"条件说"之后登场的"原因说"是旨在纠正"条件说"的处罚范围扩得太宽而提出来的一种学说,该说以"条件说"为基础,区别原因与条件,试图从引起结果的多众条件中按照某种规则,选出应当作为原因的条件,由于"原因说"主张就各种不同情况分别判断因果关系的有无,因而理论上也被称为"个别化说"。当然,在"原因说"内部,也存在不同观点,主要有最终条件说、异常行为原因说、优势

---

① 参见李岚林:《对向犯研究》,武汉大学博士论文,2014年,第75—76页。
② 胡长清:《中国民法债编总论》,商务印书馆1934年版,第16页。转引自李岚林:《对向犯研究》,武汉大学博士论文,2014年,第74页。
③ 参见洪福增:《刑法理论之基础》,刑事法杂志,1977年版,第101页。
④ 参见张绍谦:《刑法因果关系研究》,中国检察出版社1998年版,第30—31页。
⑤ 具体的观点详见张明楷:《外国刑法纲要》(第二版),清华大学出版社2007年版,第118—119页。

条件说、动力原因说等具体理论的分野。① "原因说"试图对条件与原因的区分所做的努力也是值得称许的,但是,要从对结果起作用的众多条件中找出作为原因的条件,不仅极为困难,而且也不现实,因而"原因说"现已经完全的丧失其理论价值与现实意义。

  现在学界有力的学说是"相当因果关系说",该说以"条件说"理论为基础,认为根据一般人在社会生活中的经验,在通常情况下,某种行为在所有不可想象其不存在的条件中,只有属于构成要件相当或结果相当的条件才具有刑法上的意义。"相当因果关系说"与"原因说"一样,其宗旨都是为了限定刑法上因果关系的范围。"相当因果关系说"的特色在于,一是排除条件说中的不相当的情况;二是在相当性的判断上以一般人社会生活上的经验作为标准。根据判断资料和判断基准的不同,在"相当因果关系说"内部又存在"客观说""主观说"和"折中说"的理论争鸣。尽管"相当因果关系说"在日本为刑法理论上的通说,但在德国的刑事审判中不采用此说。笔者以为,根据该说内部的"客观说",对于行为人有过于苛刻之嫌,脱离了"相当因果关系说"的本来宗旨。根据该说内部的"主观说",则对于那些一般人有认识而行为人没有认识的情况,则不能认定存在因果关系,似乎对因果关系的认定又"失之过窄"。根据该说内部的"折中说",则又违背因果关系具有客观性,不受行为人的主观认识所左右的规律。由此可见,"相当因果关系说"也不一定能为因果关系的判断提供明确的基准。

  刑法理论上关于因果关系,还有客观归责理论、合法则的条件说、重要说等一些有力的学说②,笔者以为,这些学说基本上都是在条件说的基础上对刑法因果关系的范围进行一定的限制,以达到缩小刑事责任范围的效果,但这些学说也非完美无缺,无一例外地遭受诸多批判。事实上,刑法上研究因果关系的目的在于确定行为与结果之间的关联性,在对向犯中就是要确定个别行为主体实施的行为与整个对向性犯罪结果之间的关联性。从这个角度而言,尽管"对于刑法因果关系有各种不同的观点,但一致的看法是,要肯定行为与结果之间的因果关系,就必须存在所谓的条件关系,这种条件关系一般理解为,如果没有这种行为,就不产生这种结果"③。"条件说"对于解释对向犯的行为与结果之间的关联性有适用上的便利,依照"条件说"理论,对于对向犯的形成,每个行为主体实施的行为对于整个犯罪结果的实现来讲都提供相当的助益,都是必不可少的条件,缺少任何一方主体的行为则对向犯无法得以形成。比如,我国台湾地区的刑法规定:"通奸罪之成立必须具有复数主体行为之共同加工,若缺少任何一方主体之行为,则通奸罪即不会成

---

① 参见张明楷:《外国刑法纲要》(第二版),清华大学出版社 2007 年版,第 122 页。
② 参见张明楷:《外国刑法纲要》(第二版),清华大学出版社 2007 年版,第 125—129 页。
③ 何鹏:《现代日本刑法专题研究》,吉林大学出版社 1994 年版,第 1 页。

立,换言之,个别主体行为之存在为通奸罪成立所不可想象其不存在之条件。"①

运用"条件说"因果关系理论,可以实现对向犯主体所实施的行为与犯罪结果之间的因果连接,在行为形式一致的对向犯中,每个行为主体都实施相同的行为,每个主体实施的行为都必须符合同一个构成要件规范时,才能说对向犯的主体之间的行为形成了交错合致关系。行为交错合致关系形成的直接效应就是,每个行为主体实施的行为都以其他行为主体为行为对象,所有行为主体所发动的行为都完全涵摄于刑法规定的同一构成要件之内,行为主体间的行为相互依存、互相配合而整体组合成对向犯的行为,具备这些交错合致的行为始有成立对向犯之可能。

4. 内生的评价非难关系

前已述及,在论及对向犯的犯罪结构关系时,德、日刑法常常依循"行为主体→行为→行为客体→评价非难关系"这样的逻辑顺序,由此可见,评价非难关系也是判断对向犯成立的一个重要标志。从行为是一种由内而外的意识作用的展现的角度而言,由于行为主体实施的行为透过行为对象的媒介作用,而产生对外的侵害效应,因而可以说刑法上的行为都具备对外侵害性,这是由行为的本质所蕴含的当然法理。但对向犯这种特殊的犯罪类型,由于立于对向关系的行为主体间所实施的行为呈现出一种交错合致的关系,因而,在这种犯罪类型的结构上,各个行为主体发动的行为事实以其他行为主体为行为对象,即各个行为事实存在于对向犯的行为主体之间,所以,对向犯的行为所产生的评价非难关系是对内发生,不及于行为主体之外的其他人。②

就行为形式一致的对向犯而言,这种类型的对向犯的行为主体至少也必须满足这个最低程度要求,即立于对向关系的复数行为主体,各行为主体间的行为互以其他行为主体为行为对象。例如甲、乙、丙三人赌博,就甲的赌博行为而言,甲为其发动赌博行为的行为主体,而一同参与赌博的乙、丙则是其行为对象;就乙的赌博行为而言,则一同参与赌博的甲、丙为其行为对象;而在丙的赌博行为中,丙为行为主体,而一同参与赌博的甲、乙为其行为对象。由此可见,在行为形式一致的对向犯类型中,各个参与者皆为行为主体,并且同时是其他行为主体的行为对象,行为主体通过行为对象的媒介作用而体现出行为的侵害效应,自然的,产生的评价非难关系也仅仅在对向犯的行为主体间发生,而不是针对具有对向关系的行为主体之外的他人,从这个角度而言,这种形式的对向犯的评价非难关系是对内发生的。③

(二)行为形式不一致的对向犯的构成特征

1. 两个以上的行为主体

行为形式不一致的对向犯是指行为主体间具备对向关系,并且各个行为主体

---

① 参见蒋葳君:《论对向犯》,(台北)中正大学硕士论文,2006年,第85页。
②③ 参见蒋葳君:《论对向犯》,(台北)中正大学硕士论文,2006年,第70页。

所实施的行为相异的对向犯类型。对向犯的构成必须以两个以上行为主体为必要,行为形式不一致的对向犯自然也应符合这个要求,故此构成特征不再赘述。

2. 行为主体间具有对向关系,主体具有功能性双重角色

从对向犯的本质出发可知,参与主体间具有对向关系是对向犯成立的基础,参与者除为各自行为的行为主体外,同时以立于对向地位的其他参与主体为其行为的对象。换言之,行为主体兼具功能性双重角色之地位,这个特征和前述行为形式一致的对向犯类型并无二致。但由于本类型的对向犯中参与主体的行为形式不一致,仍须具体剖析行为主体间的对向关系。

从犯罪结构的面向观察,不同的行为主体必须以他方行为主体为其行为对象,同时该行为主体又是他行为主体的行为对象,只有如此才能说主体间具有对向关系。以本类型中的贿赂罪为例,贿赂罪包括行贿方的行贿与受贿方的受贿双面向行为,而行贿与受贿显然行为形式各异,从行贿人的面向来看,则行为主体为行贿人,而行贿行为的侵害效应得以实现则必须存在行贿行为的接受对象,即以受贿者作为其行为客体;从受贿人的面向来看,则行为主体为受贿人,而受贿行为的侵害效应若得以实现则必须存在受贿行为的提供方,即以行贿者作为其行为客体。就贿赂罪而言,无论是行贿者还是受贿者,都同时兼具行为主体与行为客体双重角色,发挥着双重功能。因而,在行为形式不一致的对向犯类型中,"不仅各参与者具有行为主体与行为客体双重之功能性,更因为彼此间互为行为对象之关联性,而立于对向之地位。因此,在论罪上,必须能证明于本类型中,一方参与主体之行为对象,即为他方之参与主体,反之亦然,否则无法成立对向犯"[①]。

行为主体间具备对向关系,这是成立对向犯的最基础的要求。需要注意的是,在行为形式不一致的对向犯类型的判断上,只要主体间立于对向关系并且行为形成交错合致即可成立对向犯,但是,在进行犯罪评价时,却并非一方成罪,另一方也成立犯罪,也就是说对向犯形成的判断与行为主体的论罪判断并不具有必然的联系。由于本对向犯类型的双方主体的行为形式不一致,刑法对之赋予不同的规范评价,因而,在进行论罪评价时,必须依据各行为规范进行判断。由此可见,"在犯罪结构上,对向关系的要求仅是一种现象形式的展现,在论罪上,对向关系的形成无法直接由结构的存在形式推导而来,必须更严谨地以是否该当于各该规范的过程来进行评价"[②]。

3. 主体间不同行为形成交错合致

和行为形式一致的对向犯的类型一样,行为形式不一致的对向犯在客观上也需要双方主体的行为形成交错合致效应,才能成立对向犯。前已述及,对于行为形

[①] 参见蒋薇君:《论对向犯》,(台北)中正大学硕士论文,2006年,第87页。
[②] 参见蒋薇君:《论对向犯》,(台北)中正大学硕士论文,2006年,第88页。

式合致的判断,必须依据因果关系理论的"条件说"来加以审查,在本类型的对向犯中,对向犯罪的形成需要不同主体各自行为的共同加工,尽管各行为主体实施的行为形式不一致,但对于对向犯的形成而言,每个主体的行为都不可或缺,因此,"倘将不同主体所为之行为当成本类型犯罪实现之条件时,通过条件关系之检验,则对本类型犯罪之实现而言,每一不同主体所实施之行为皆系不可想象其不存在之条件,皆具有刑法上之原因"[①]。

以甲、乙二人进行贿赂为例,在犯罪结构上,欲成立贿赂罪,则必须存在行贿和受贿双方的行为,在现实情况中,殊难想象仅有行贿者单方交付财物的行为即可论以行贿罪的,同样,也殊难想象仅有受贿者的接受财物而没有行贿者的交付财物行为即可论以受贿罪的。因此,仅就对向犯的形成而言,行贿行为和受贿行为必须同时具备,缺少任何一方面的行为,则贿赂不会形成。由此以观,不同主体实施的行为对于贿赂罪的成立居于不可或缺的地位,这种地位主要是通过条件关系的运用得以彰显,即如果能证明不同主体所实施的行为是贿赂罪实现的不可想象其不存在的条件,就可以认定不同主体实施的行贿及受贿行为是贿赂罪成立的原因。

对于行为形式不一致的对向犯类型,从构成要件规范的角度看,刑法针对不同的主体行为往往以不同的构成要件予以规范,表明刑法对不同样态的行为赋予不同的评价。即便如此,具有对向关系的行为主体所实施的行为仍是交错的存在,即不同主体实施的行为必须针对一同实施犯罪的其他参与者实施,反之亦然。正是不同主体间的行为以交错形式存在,才使不同形式的行为间产生连结效应。[②]

在行为形式不一致的对向犯类型中,由于其构成要件规范的特殊要求,从而在因果连接上,不仅需要确认各个不同主体行为对于犯罪的实现是不可想象其不存在的条件,而且还需要确认不同主体的任何一方的行为对于他方行为也为其不可想象其不存在的条件。换言之,由于这种类型的对向犯的特殊结构使然,在行为形式不一致的对向犯类型中,必然要经过双重因果关系的检验审查后,方能确认主体的行为在客观方面形成交错合致的效应。

4. 内生的评价非难关系

在行为形式不一致的对向犯类型中,对向犯的形成除有对向关系的复数行为主体外,复数主体所为的共同加工行为也是必要的条件,由此,若仅有单方面主体的行为,因为缺乏对向犯成立的必要性基础,因而不足以构成对向犯,在评价非难关系上也不具有刑法上的重要性。这种类型的对向犯主体也兼具双重角色功能,因而,评价非难关系也仅仅存在于行为主体之间而不扩及于他人,即评价非难关系具有内生性。

---

① 参见蒋薇君:《论对向犯》,(台北)中正大学硕士论文,2006年,第91页。
② 参见蒋薇君:《论对向犯》,(台北)中正大学硕士论文,2006年,第89-90页。

对向犯适用论

● 下篇

第四章

对向犯与相关犯罪形态的界分

对向犯成立的基础在于行为主体兼具双重角色功能,行为主体间具有对向关系。为使对向犯的形成结构有更为清晰完整的轮廓,尚需对与对向犯容易相混淆的几种犯罪形态做比较,以求透过比较而加深对向犯之本质印象。本章要分析的几种容易与对向犯相混淆的犯罪形态,本质上都属于复数主体参与的正犯类型,因此应先对正犯概念作出界定。所谓正犯,一般是指实施了符合基本构成要件的实行行为的情形,理论上常把其作为与狭义的共犯(教唆犯、帮助犯)相对的概念进行研究。从立法体系上看,各国刑法对正犯的规定主要有三种形式:一是所谓的单一的正犯概念或包括的正犯概念。这种正犯概念认为凡是参与犯罪的人都是正犯,即不是直接实施犯罪行为的人,就是教唆他人犯罪的以及帮助他人实施犯罪的人。采取这种立法例的主要是意大利、丹麦、奥地利等一些国家。二是所谓的扩张的正犯概念。这种正犯概念认为,对犯罪的实现给予任何条件作用的人,都是实施了犯罪构成要件实行行为的人,因而都应论以正犯,但法律为了限制正犯的处罚范围,因而例外地才把教唆犯与帮助犯作为共犯处罚,这种正犯概念主要被一些近代学派学者所采用。三是所谓的限制的正犯概念(或称为缩小的正犯概念)。这种正犯概念认为,只有以自己的身体动静直接实现犯罪构成要件的人才是正犯,其他的参与犯罪的人都是共犯,这种正犯概念在当今的德国和日本占据刑法通说的地位。笔者以为,单一的正犯概念过于扩大刑事可罚性的范围,难谓妥当,扩张的正犯概念无视实行行为的定型性。在社会观念上,教唆犯、帮助犯与正犯是不同的犯罪类型,限制的正犯概念较为合理,但这种正犯概念对于间接正犯的正犯性的说明是个理论上的难题。

从不同的视角可以对正犯做不同的分类。首先,根据行为是否以自己的身体动静实现构成要件,可以把正犯分为直接正犯和间接正犯。直接正犯是指自己亲自实现构成要件者。直接正犯与单独正犯虽都是实施构成要件的实行行为,但是，直接正犯既可以表示在共同犯罪中的正犯和共同正犯，也可以表示单独犯罪中的正犯。间接正犯，是指利用他人实施构成要件的实行行为实现自己犯罪的情况。利用者即便与被利用者有共同实行的意思，但在认定利用者成立间接正犯的情况下，不认为与被利用者所实施全部实行行为之间成立共同犯罪。间接正犯的概念，只是表明不是共同犯罪，而不是对共同犯罪的否定，比如在对唆使他人犯轻罪而实为较重犯罪的情况下，根据"部分犯罪共同说"的理论，轻罪范围内仍然成立共同犯罪，只不过在认定成立间接正犯范围内的犯罪，不认为成立共同犯罪。①② 其次，根据正犯的人数、意思联络的有无，可以把正犯分为单独正犯、同时正犯和共同正犯。单独正犯是指一个人实行犯罪的情形；同时正犯一般是指在没有犯罪意思联络的情况下，同时对同一客体实行同一犯罪；共同正犯一般是指两人以上共同故意实施刑法分则所规定的犯罪构成客观方面行为的犯罪形态③。尽管对向犯常常被当作必要共犯的一种犯罪类型，但称其为"正犯"似乎更为准确贴切。本章中，笔者以其他多数人参与犯罪的正犯类型作为参照，比较研究对向犯与间接正犯、共同正犯、同时犯以及连累犯等犯罪形态的界分。

第一节　对向犯与间接正犯的界分

一、间接正犯的结构解构

（一）间接正犯的正犯性解析

根据是否以自己的身体动静实现犯罪构成要件，正犯可区分为直接正犯和间接正犯。直接正犯是指自己亲自实施实行行为的情况，与之相对，间接正犯则被定义为将他人作为犯罪工具来实现犯罪的情况。④ 从刑法学史上看，围绕间接正犯

---

① 林亚刚教授研究生课堂讲课观点，参见李岚林：《对向犯研究》，武汉大学博士论文，2014年，第87页。

② 罗克辛教授也指出，幕后者成立间接正犯和实施者成立直接正犯，二者之间并不是绝对相互排斥的关系，相反，在强制性支配的情形下，幕后者的意思支配以实施者的行为支配为前提。参见张明楷：《外国刑法纲要》，清华大学出版社2007年版，第109页。

③ 参见陈家林：《共同正犯研究》，武汉大学出版社2004年版，第35页。

④ 参见［日］浅田和茂：《刑法总论》（补正版），成文堂2007年版，第403页。转引自陈家林：《外国刑法通论》，中国人民公安大学出版社2009年版，第487页。

的本质到底是正犯还是共犯,限制的正犯概念与扩张的正犯概念曾经存在激烈的争论①,根据前述扩张的正犯观念,间接正犯自然是正犯,也就当然不需要间接正犯的概念,而依据限制的正犯概念,由于间接正犯是利用他人实施犯罪行为,因而其本质应是共犯,但得出这一结论并不妥当。在我国刑法理论上,有学者认为间接正犯是一个"替补性的概念",并在其新近出版的著作里指出:"各国法律通常都有这样的规定,即教唆他人犯罪的,构成教唆犯;教唆未满18周岁的人犯罪的,要从重处罚。其中的'犯罪',过去一般认为,必须是达到刑事责任年龄的人的所为。……而教唆未达到刑事责任年龄的人犯罪的,因为被教唆者不能构成犯罪,所谓其背后的教唆者也不构成犯罪,这种场合,按照罪刑法定原则,只能作为无罪处罚。这显然是有问题的。为此,刑法理论上才引进了'间接正犯'的概念。根据这个概念,利用他人的合法行为或者不承担责任的行为来实现自己的犯罪目的的场合,实质上是将他人作为犯罪工具耍弄,和使用器物或者动物来实现在自己犯罪的情形没有什么差别,它不是教唆犯之类的共犯,而是比教唆犯性质更为恶劣的正犯。"②但是,"替补角色论引起了一些新问题。首先,替补角色论完全颠倒了正犯和共犯的主次顺序,也不符合罪疑从轻的刑法思考方式。在共犯与正犯的关系当中,应当是先有正犯概念,后有共犯概念。间接正犯尽管被冠以间接的名称,但由于其是将他人作为工具的犯罪形式,本质上仍然是正犯。由此关于间接正犯和共犯,正确的关系应当是:只有在不构成(间接)正犯的情况下,才考虑有无成立共犯(教唆犯)的可能,而不是由于不构成较轻的共犯即教唆犯,所以才要将其考虑为较重的(间接)正犯。其次,不符合共同犯罪的基本原理。替补角色论的基本内容是,正犯违法但不具有责任的场合,共犯即教唆犯难以成立,所以,要成立比共犯更为严重的(间接)正犯,即共犯成立与否,取决于正犯是否有责任。但在共同犯罪中,违法是连带的,责任是个别的,完全可能存在正犯违法但不具有责任。而共犯(包括教唆犯)既违法又有责任的情形。最后,替补角色论也会背离间接正犯的正犯特点。间接正犯,顾名思义,属于正犯的范畴,即属于行为人将他人作为工具加以使用的情形。未满14周岁的人尽管认识和辨别能力比较低,但对于杀人、盗窃等是非界限极为分明的犯罪,还是有认识和辨别能力的。在其被他人利用实现盗窃罪的场合,也可以说是受自己的意思支配的,难以说是他人手中的工具。利用人的教唆只是为其犯罪意思的产生提供了一个契机而已。所以,将教唆未满14周岁的人犯罪的,一律作为间接正犯处理,并不完全符合间接正犯所特有的将他人作为

---

① 实际上,现在也有不少学者基于扩张的正犯概念,但对构成要件进行规范的或实质的解释,从而也广泛的承认了间接正犯的概念。

② 黎宏:《刑法学》,法律出版社2012年版,第272页。

工具使用的特征"①。不管怎样,最初作为弥补刑法处罚的间隙而提出来的间接正犯概念②,在现代各国刑法理论上都得到承认,为此,有必要论证间接正犯作为固有的正犯所具有的正犯性。

在刑法理论上,最开始是用"工具理论"来对间接正犯的正犯性进行说明的,此说认为,可以把被利用者的行为视同利用刀枪棍棒一样,既然利用刀枪棍棒的行为是正犯行为,那么,也应当肯定利用他人实施的犯罪行为是正犯行为。但是,工具理论受到不少批判,首先,人是有意识的,和单纯的工具是不一样的。其次,工具性的判断具有什么样的内容,这一点并非不言自明。最后,工具理论中有一些仅抽象论述被利用者的性格而抛开与利用者关系的倾向。工具性的存在与否应当通过背后的利用者对被利用者的利用关系才能够加以认识,因而,工具理论本身仅仅停留在朴素的直观层面。③

"实行行为性说"是日本刑法理论的通说,根据该说,间接正犯的正犯性的实质根据在于它存在和直接正犯性质相同的实行行为性,即利用者的行为主观上具备实行犯罪的意思,客观上具有利用被利用者的行为而实现一定犯罪的现实的危险性。我国学者黎宏教授也持这一观点。黎宏教授认为,"间接正犯的理论基础,即间接正犯之所以成立正犯,是因为其本身所实施的行为具有正犯的实行行为的性质"④。此说遭致的批判是,明确实行行为性的内容是极其困难的,如果对此点不能明确,则不过是以问答问而已。

"规范障碍说"也是一种有力的学说,该说认为,在被利用者具有规范的障碍时,则应当承认背后利用者的利用行为具有实行行为性,此时被利用者实际上是一种有规范障碍的工具,因而应把其视为正犯;相反,如果被利用者可能产生规范的障碍时,则利用者的行为只能认定为共犯(教唆犯)。这一学说的最大问题在于导致间接正犯的成立范围狭窄,而且,如何判断何种情形下具有规范障碍,何种情形下具有可能的规范障碍操作困难。

近年来由日本刑法学者岛田聪一郎提出的"自律决定论"在学界引起瞩目,岛田聪一郎认为,"被利用者对该构成要件的结果存在自律的决定时,应否定背后者的间接正犯性。如果不存在自律的决定,那么只要具备相当因果关系,背后者就是

---

① 黎宏:《刑法学》,法律出版社2012年版,第272页。
② 根据限制的正犯观念和共犯极端从属性理论,只有直接正犯人的行为完全符合构成要件该当性、违法性和有责性的要求时,教唆犯和帮助犯才能成立共犯而处罚,但是,在把无责任能力的人作为工具而实现犯罪的场合,则既不符合直接正犯的条件,也不符合教唆犯、帮助犯的要求,因而会造成处罚上的间隙。
③ 参见陈家林《外国刑法通论》,中国人民公安大学出版社2009年版,第517页。
④ 黎宏:《刑法学》,法律出版社2012年版,第273页。

间接正犯"①。日本著名的刑法学专家山口厚教授也认为,要认可间接正犯的正犯性,就必须要求行为人对引起构成要件结果的原因具有支配力,能够充分认识、预见并直接引起构成要件结果的人是正犯,而只是对于结果发生提供间接的原因性、因果性的行为人原则上不是正犯。这就意味着不能追究故意行为之前的引起结果的正犯人的责任,因而可以被称为溯及禁止论。但是,如果对直接引起结果的故意行为人具有强制性时,也有承认追溯故意行为之后行为的正犯性的余地。因而在介入他人的行为而引起构成要件结果的情形,山口厚教授认为,应分析他人对于构成要件结果的答责性(自律性),即倘若介入者的行为对于结果的发生能够排除他人的支配,即介入者具有答责性,则属于介入者自己引起的结果而论以正犯处罚。② 笔者以为,"自律决定论"一改过去学说仅仅着眼于背后者的行为性质,而根据刑法上的答责原理、溯及禁止论从构成要件结果的角度进行考察,的确有可取之处,但行为人是否具有自律性,是否具有答责性,其判断基准并不明确,在适用上仍存在难以克服的困难。

在德国刑法学上,广泛运用所谓的"意思支配说"来解释间接正犯的问题,最初,以威尔泽尔提出的目的行为论为基础的行为支配说占据通说地位,认为间接正犯的正犯性根据在于背后的利用者对被利用者存在行为的目的性支配与统制。现在,更多的学者从反对目的行为论的角度来论证间接正犯的共犯性,比如,德国刑法学家罗克辛就认为,正犯是对犯罪实现过程具有决定性影响的关键人物或核心角色,正犯对犯罪事实的实现具有绝对的支配性,其中,行为人通过意思支配,从而不必出现在犯罪现场,也不必参与犯罪的共同实施,但是可以通过强制或欺骗手段支配直接实施的行为人,从而实现对构成要件实现的支配,这就是间接正犯③。日本的林干人教授也接受了这一观点,他指出:"支配这一概念更适于表现人与人之间的这种(间接正犯)关系。因此,我认为应以行为支配作为间接正犯性的根据。不过,行为支配的内容仍然是不明确的,恐怕应当在考虑背后者与直接行为者的精神关系的基础上,认为直接行为者遵从背后者的意思而行为有很高的事实上的可能性时,能够认可行为支配。"④

尽管理论上对"意思支配说"的质疑不断⑤,但笔者以为,相较其他诸种解释间

---

① [日]岛田聪一郎:《正犯:共犯论的基础理论》,东京大学出版会,2002年版,第117页。转引自陈家林:《外国刑法通论》,中国人民公安大学出版社2009年版,第520页。

② [日]山口厚:《刑法总论》(第2版),有斐阁2007年版,第67-73页。转引自陈家林:《外国刑法通论》,中国人民公安大学出版社2009年版,第520页。

③ 参见张明楷:《外国刑法纲要》,清华大学出版社2007年版,第103-104页。

④ [日]林干人:《刑法总论》(第2版),东京大学出版会,2008年版,第413页。转引自陈家林:《外国刑法通论》,中国人民公安大学出版社2009年版,第518页。

⑤ 对该说的批判意见详见陈家林《外国刑法通论》,中国人民公安大学出版社2009年版,第518-519页。

接正犯的正犯性的学说,"意思支配说"最能彰显间接正犯的结构特质。间接正犯是指利用他人实施构成要件的实行行为实现自己犯罪,从犯罪形成结构上来看,间接正犯必然存在实现构成要件的行为人以及利用他人实现构成要件的人,为方便论述,本书将前者称为被利用者,后者称为利用者。欲对间接正犯与对向犯作出界分,则应先分析间接正犯的犯罪结构。

(二)间接正犯的形成结构分析

1. 主体间具有意思支配关系

间接正犯的结构中存在利用者与被利用者两类行为主体,利用者假借被利用者之手从而实现犯罪的构成要件,利用者虽然居于幕后地位,不是亲自实现犯罪构成要件的人,但从实质上考量,如果没有其背后的利用行为,根本不会存在被利用者的实现构成要件行为,整个犯罪行为也不会启动。① 由此可见,背后的利用者基于自己的犯罪意思支配而单独的开启一个行为事实,其在间接正犯结构中担当着行为主体的角色。理论上对于背后利用者的正犯地位素有争议,德国学者罗克辛的行为支配理论为认定其正犯提供了理论上的基础,此点于此不再赘述。

作为亲自实现构成要件的行为人,被利用者的行为主体地位显露无遗。在理论上存在争议的是,被利用者的定位如何?换言之,被利用者应被评价为一种"工具"还是也能被评价为"正犯"?李岚林博士通过梳理有关论述发现,学界曾经一度把被利用者单纯的视为一种"工具"或"行为的媒介"。② 对此,有学者把间接正犯定义为"借由此人的道具或行为媒介者进行犯罪之正犯"③,更有学者直截了当地把间接正犯定义为利用非正犯之他人以实施犯罪行为者。④ 显然,这些学者否认被利用者的正犯性,在对间接正犯的正犯性解读上,提出所谓的"工具理论"。"工具理论"认为间接正犯利用被利用者作为其犯罪道具实施的行为,与亲自实施构成要件行为具有等价性,从而对间接正犯论以正犯。一些学者在对间接正犯包含的类型进行论述时,常常认为被利用者是不构成犯罪的人,更有学者认为,被利

---

① 参见李岚林:《对向犯研究》,武汉大学博士论文,2014年,第97页。
② 例如,台湾的林山田教授认为,"间接正犯在实行构成要件该当行为之时,并非如直接正犯是使用一般机械性的工具,例如刀和枪等,而是使用人的工具。……间接正犯是利用他人的行为,而实行自己的犯罪,被利用的他人,只是间接正犯手中的犯罪工具而已。"参见林山田:《刑法通论》(下),北京大学出版社2012年版,第20页。德国学者冈特·施特拉腾韦特在其教科书中表述间接正犯的被利用者时,均称其为"行为媒介"。参见[德]冈特·施特拉腾韦特、洛塔尔·库伦:《刑法总论 Ⅰ 犯罪论》,杨萌译,法律出版社2004年版,第302-305页。
③ 参见蒋薇君:《论对向犯》,(台北)中正大学硕士论文,2006年,第133页。
④ 参见甘添贵:《间接正犯与已手犯的再认定》,收录于甘添贵:《刑法之重要理念》,瑞兴图书股份有限公司1996年版,第174页。

用者如果是具有完全责任能力的正犯,那么,就没有成立间接正犯的可能性。①

这种把被利用者作为工具来认定间接正犯的方法会使间接正犯流于客观形式,也就是说,这会形成只要有人实现构成要件行为,尽管其不是正犯,也不妨碍幕后利用者成立正犯的可能。对此,柯耀程教授批评道:"如果将间接正犯的概念,仅仅界定在客观形象的行为事实问题上,亦即只要有人实现了客观构成要件的侵害关系,不论实现的人是否属于正犯的角色,其背后的行为人都可以视为间接正犯了,那么这样间接正犯就变成了只要非亲自实现,而是假他人之手,以完成其行为,实现其目的的,都称之为间接正犯。而这样的间接正犯概念,就会变成一种现象上的概念,没有刑法参与关系评价的概念。"②林亚刚教授认为,如果从间接正犯的认定需要来看,是为了解决对这种利用他人行为为何可以视为他自己的犯罪而应归责,以及如何实现归责。如是,利用者出于某种动机将他人被视为自己的"工具"自不待言,说明了间接正犯之所以应归责的原因,但是,被利用者为何能够成为被利用者,并不直接说明法益被侵害、如何被侵害的事实,因此,在实现归责上并不是重要的节点。更何况,对间接正犯的认识,也并非是为了防备成为被利用的工具。③

笔者赞同柯耀程教授和林亚刚教授的观点,现在有不少刑法学者已经突破旧有"工具理论"的窠臼,提出来所谓的"正犯后正犯"的概念,认为当被利用者不是单纯的实施工具而具备所有的犯罪要素时,被利用者成立直接正犯,利用者是被利用者之后的间接正犯。④ 事实上,从间接正犯的结构来看,只有存在"直接正犯",才有"间接正犯"的存在,亦即,间接正犯之形成,必先有亲自实现构成要件之直接正犯存在,方有间接正犯存在之可能。⑤ 这也说明,在间接正犯的形成结构上,利用者与被利用者都是正犯,都居于行为主体的地位。在此需要注意的是,间接正犯的形成需要两个属于正犯的行为主体,并不意味着直接实现构成要件的被利用者(直接正犯)就一定构成犯罪,换言之,间接正犯的形成结构与间接正犯的论罪并无必然的联系。

在间接正犯的结构中,利用者与被利用者都应定位于正犯,都是行为主体,行为支配是形成正犯的最基础理论,用来解释直接正犯尤其具有理论上的妥适性,依

---

① 参见[德]冈特·施特拉腾韦特、洛塔尔·库伦:《刑法总论 I 犯罪论》,杨萌译,法律出版社 2004 年版,第 303 页。
② 参见柯耀程:《刑法总论释义——修正法篇》,元照出版有限公司 2006 年版,第 378 页。转引自李岚林:《对向犯研究》,武汉大学博士论文,2014 年,第 98 页。
③ 参见李岚林:《对向犯研究》,武汉大学博士论文,2014 年,第 98 页。
④ 参见蒋薇君:《论对向犯》,(台北)中正大学硕士论文,2006 年,第 134 页。
⑤ 参见柯耀程:《刑法总论释义 修正法篇》,元照出版有限公司 2006 年版,第 378 页。转引自李岚林:《对向犯研究》,武汉大学博士论文,2014 年,第 98 页。

据行为支配理论,行为人通过自己之手来完成构成要件①,行为人是通过从事构成要件的行为而产生支配效应,因而行为人被评价为直接正犯。相对的,在间接正犯犯罪类型中,刑法上的"支配理论"也能为间接正犯的正犯性提供理论上的基础。从间接正犯的犯罪结构上看,所存在的两个行为人在评价上都是正犯,都立于行为主体的地位,那么这两个行为主体间存在什么样的关联呢?根据罗克辛教授的观点,对犯罪实施过程具有决定性影响的关键人物或核心角色,具有犯罪事实的支配性,是正犯,他把正犯对犯罪事实的支配区分为三种类型:一是行为支配,二是意思支配,三是功能性支配。"意思支配说"最能彰显间接正犯的结构特质,利用者和被利用者最直接的关联性就体现在前者对后者具有意思支配性。张明楷教授则将间接正犯的意思支配归纳为三种情形:一是幕后者能够通过强迫使直接实施者实施符合构成要件的行为,从而达成自身对于犯罪事实的支配性(通过强制达成的意思支配)。二是幕后者可以隐瞒犯罪事实,从而欺骗直接实施者并且诱使对真相缺乏认知的实施者实现幕后者的犯罪计划(通过错误达成的意思支配)。三是幕后者可以通过有组织的权利机构将实施者作为可以随时替换的机器部件而操纵,并且据此不再将实施者视为个别的正犯而命令,进而达成对犯罪事实的关键支配(通过权力组织的支配)。②

从利用者与被利用者二者间具有意思支配关系进一步延伸可知,尽管处于幕后的利用者没有亲自实施构成要件行为,但是他却是事实上的支配整个犯罪流程的人,利用者对于犯罪事实的发展,事实上处于一种意志优势的地位;③被利用者尽管是亲自实施构成要件行为的人,但由于其对犯罪事实的发展不存在支配效应,在实施构成要件行为时也不存在自己的实施特定构成要件行为的主观意志,因而其处于一种被支配的地位;利用者和被利用者显然处于一种不平等的地位。在间接正犯的归责判断上,首先应判断犯罪构成要件的实现能否归责于被利用者,在得出肯定的结论之后才能进一步判断居于支配地位的利用者是否成立间接正犯。相对于共同正犯来讲,由于在间接正犯的犯罪结构上,尽管利用者与被利用者都居于行为主体的地位,但是幕后的利用者较之被利用者却具有优越的意思支配地位,自然也就与立于对等地位的共同正犯中的各个行为主体产生犯罪效应有所区别。对此,柯耀程教授认为,由行为主体的对等地位所决定,共同正犯的主体对于犯罪的实现是一种等距的横向关系,但在间接正犯却大异其趣,由行为主体的不对等地位所决定,间接正犯的主体间对于犯罪的实现则呈现出一种不等距的纵向关

---

① 行为人也许会以刀枪等器具来辅助实施构成要件行为,但是刀枪等器具仅仅能看成行为人的身体延长的部分,行为人只是通过该器具而使其行为的侵害效应发生于攻击的对象。
② 张明楷:《刑法学》,法律出版社 2007 年版,第 331 页。
③ 参见蒋薇君:《论对向犯》,(台北)中正大学硕士论文,2006 年,第 137 页。

系。由此而论,很显然间接正犯是建立在纵向的归责原则之上的。①

2. 利用者通过被利用者实现构成要件行为

如前所述,在间接正犯的犯罪类型中,必定存在两个都被评价为正犯的行为主体,即利用者和被利用者,相应的,应分别就两个行为主体所开启的行为进行论述。自被利用者的角度观察可以发现,由于被利用者是亲自实现的构成要件行为,所以,被利用者所实施的行为与一般的直接正犯所实施的行为并无二致。但需要注意的是,由于主体地位的不平等性,为了体现利用者对被利用者优越的意思支配效应,被利用者所实施的行为必须体现幕后利用者的意思支配内容,换言之,被利用者所实施行为的意志内容必须与利用者的主观意志内容完全一致。从利用者的角度考察可知,幕后的利用者并不亲自实施构成要件行为,而仅仅是透过意思支配欺骗或强制被利用者实施构成要件行为,需要注意的是,尽管利用者不实施构成要件行为,但其要实现对犯罪结果的支配效应,必然会存在一个让被利用者代其犯罪的行为,可以表现为欺骗被利用者或强制被利用者的行为,这个行为不单独地具有刑法评价上的意义,其作用仅仅在于让被利用者替其完成犯罪而已。②

3. 评价非难关系的对外发生

建立于纵向归责原则基础上的间接正犯,是不平等主体之间的意思支配关系的产物,这一点经由以上对行为主体的行为的介绍已经甚为明了。但是,笔者认为,为了更清楚地展现间接正犯犯罪结构的全貌,还需要从行为人所为的行为所致的侵害历程出发,对间接正犯所引起的评价非难关系进行探讨。

利用者基于犯罪意思的支配,通过实施欺骗或强制被利用者,进而使被利用者直接实施构成要件行为,从而完成利用者意欲实现的犯罪,这就是间接正犯的行为侵害历程。考察间接正犯的评价非难关系,应从行为侵害历程着手,透过间接正犯行为侵害历程我们可以发现,间接正犯尽管没有亲手实施构成要件行为,但其通过意思支配假手被利用者实现犯罪,因此,幕后的利用者主导了整个犯罪流程从而对犯罪的实现具有绝对的支配力。在间接正犯的因果关联上,间接正犯透过被利用者的媒介行为实现犯罪,幕后利用者的行为侵害效应通过被利用者的行为而得以体现,被利用者的行为针对的行为客体是其本身之外的人,也就是说,间接正犯的评价非难关系是对主体之外发生的,而不是在利用者和被利用者这两个行为主体之间发生的。间接正犯与直接正犯的评价非难关系是一样的,和一般的直接正犯所不同的是,间接正犯的评价非难关系要通过双层条件关系的检验而得以展现,而一般的直接正犯的评价非难关系则只需单层条件关系就得以展现。

---

① 参见柯耀程:《刑法总论释义 修正法篇》,台湾元照出版有限公司2006年版,第377页。转引自蒋薇君:《论对向犯》,(台北)中正大学硕士论文,2006年,第137页。
② 参见蒋薇君:《论对向犯》,(台北)中正大学硕士论文,2006年,第138页。

二、间接正犯与对向犯的区别

将间接正犯与对向犯的结构相对照即可看出,间接正犯和对向犯都是复数行为主体的正犯犯罪类型,这一点上二者并无差异。但是,对二者的犯罪形成结构进行探究,会发现间接正犯与对向犯由于在行为主体、行为存在的形式、评价非难关系上的差异性。

(一)行为主体地位上的差异

间接正犯形成的最核心基础在于主体间存在意思支配关系,因而建立在纵向归责原则上的间接正犯在犯罪结构上必然存在两个行为主体,一是居于幕后的利用者,由于其不亲自施行构成要件行为,因而被称为间接正犯;一是亲自实施构成要件行为实现犯罪的人,被称为直接正犯。由于利用者与被利用者之间存在意思支配关系,因而从主体地位上来看,二者并非处于对等的地位,利用者较之被利用者具有优越的支配地位。也正是利用者的这种优越的支配地位,才决定了利用者能够透过对被利用者的意思支配致使犯罪结果发生,从而成为居于幕后支配整个犯罪流程发展的主导者。①

反观对向犯这种犯罪类型,由于主宰对向犯的核心原则是行为主体间存在对向关系,每个行为主体都单独地开启一个犯罪行为,因而,在对向犯中存在的复数行为主体间的地位和间接正犯的情形有所不同。详言之,如果我们将对向犯的每个行为主体都单独抽取出来单独考察,可以发现每个行为主体都亲自实现构成要件行为,因而都应被评价为直接正犯。另外,基于对向关系的要求,每个行为主体同时又是他行为主体的行为对象。从每个主体主观面向犯罪意思来看,对向犯的每个行为主体都具有自己独立的犯罪意思,这种犯罪意思无论是在行为形式一致还是行为形式不一致的对向犯类型中,都是独立、个别的存在,不同于间接正犯的行为主体间的意思支配关系。概括来讲,即在对向犯类型中,行为主体间立于对向关系,并且行为主体彼此间对于犯罪实现所具备的犯罪意思是个别的、独立的。②

(二)行为结构关系互异

在间接正犯类型中,存在两个行为主体(利用者和被利用者),相应的也存在两个方面的行为样态。③ 从幕后的利用者方面看,其实施的是一种优越的意思支配行为,其目的在于让被利用者产生犯罪的决意而代其完成犯罪行为,从被利用者方面看,其实施的是构成要件行为,并且其实施的行为必须是利用者所意欲实现的

---

① 蒋薇君:《论对向犯》,(台北)中正大学硕士论文,2006年,第140页。
② 参见李岚林:《对向犯研究》,武汉大学博士论文,2014年,第102—103页。
③ 利用者所实施的行为不一定是刑法上的行为,只要能将其支配意思展现于外部即可。

犯罪。在间接正犯结构上,从因果连接上看,存在双层的因果关系才能把行为的侵害效应展现于外部。

在对向犯类型中,所有参与者的行为都在对向犯的整体中出现,相互配合,交错合致,每个行为主体所为的行为以他行为主体为行为的对象,行为的侵害效应仅仅存在于行为主体之间,而不扩及于外部他人。无论是行为形式一致还是行为形式不一致的对向犯,在因果连接上只需要单层的因果关系即可展现行为的侵害效应。

(三)评价非难关系不同

"欲探究评价非难之过程,即必须由行为出发,视行为所攻击之对象为何而定,换言之,由于存在行为所攻击之客体,方能彰显出行为之形式以及所导致之评价非难关系。"①依循此模式,在间接正犯类型中,由于具有意思支配地位的幕后利用者欲实施的犯罪行为,通过假手被利用者的实现构成要件行为从而致侵害效应发生,即被利用者所实施的行为完全是在利用者的意思支配下所实施的行为,其实现构成要件行为从实质上考量,只不过是利用者犯罪计划的一部分而已。因而,在间接正犯中,行为必须从利用者的角度出发来考察行为的攻击对象。间接正犯所欲实现的犯罪的攻击对象针对的是其本身以外的人,而代其实现构成要件行为的被利用者所实施行为的攻击对象也是其本身之外的人,由此可见,由间接正犯行为攻击的行为对象所决定,其评价非难关系是对外发生的。

在对向犯类型中,情形则有所不同。由对向犯特有的行为结构所决定,每个行为主体兼具行为主体和行为客体的双重功能,各个行为主体间的行为互以他行为主体作为其行为对象,因而,对向犯的行为结构呈现一种交错合致的关系,行为所生的侵害效应仅仅存在于形成对向关系的行为主体之间,不会扩及于外人,不论是行为形式一致还是行为形式不一致的对向犯类型,在非难评价关系上,也就当然的只能对内发生。②

---

① 蒋薇君:《论对向犯》,(台北)中正大学硕士论文,2006年,第137页。
② 参见蒋薇君:《论对向犯》,(台北)中正大学硕士论文,2006年,第141-142页。

第二节 对向犯与共同正犯的界分

一、共同正犯的形成结构分析

（一）共同正犯的概念和性质界定

1. 共同正犯的概念

共同正犯是经常被和单独正犯相对照而提及的一个概念，在犯罪体系上，以一人单独实现一个构成要件事实为基本形态，但也有二人以上共同实现构成要件的情形，刑法上将前一种情形称为单独正犯，将后一种情形称为共同正犯。"在德、日等国，共同正犯是法定的共犯种类，如《德国刑法》第25条（正犯）规定：自己实施犯罪，或通过他人实施犯罪的，依正犯论处。数人共同实施犯罪的，均依正犯论处（共同正犯）。《日本刑法》第60条规定：两人以上共同实行犯罪的，皆为正犯。"[1]德、日学者常常根据立法的规定给共同正犯下定义。[2] 在我国台湾地区刑法学界，学者们也往往依据台湾地区刑法第28条的规定来给共同正犯下定义。[3] 例如，蔡墩铭教授认为："共同正犯谓两人以上共同实施犯罪之行为者。"[4]林山田教授认为："共同正犯是两个以上的行为人，基于共同之行为决意，各自分担行为之一部分，而共同实现构成要件的一种参与犯。"[5]共同正犯本身不是我国刑法上的法定种类，正因为如此，我国有学者把这种犯罪类型称为共同实行犯[6]，实际上我国学者是在等同意义上使用共同正犯与共同实行犯这两个概念的。至于共同正犯的概念，我国学者的表述略有不同，马克昌教授在其主编的《犯罪通论》中指出："两人以上共同故意实行某一具体犯罪客观要件的行为，在刑法理论上叫共同正

---

[1] 陈家林：《共同正犯研究》，武汉大学出版社2004年版，第33页。

[2] 需要注意的是，有学者把共同正犯作为一种犯罪形态进行研究，如日本的山中敬一教授，有学者则把共同正犯理解为犯罪人的一种，如日本的野村稔教授。参见陈家林：《共同正犯研究》，武汉大学出版社2004年版，第33-34页。

[3] "台湾地区刑法"第28条的规定为：两人以上共同实施犯罪之行为者，皆为正犯。

[4] 蔡墩铭：《刑法总论》，三民书局2001年版，第265页。转引自陈家林：《共同正犯研究》，武汉大学出版社2004年版，第34页。

[5] 林山田：《刑法通论》（下册），北京大学出版社2012年版，第36页。转引自李岚林：《对向犯研究》，武汉大学博士论文，2014年，第88页。

[6] 例如王光明博士论文题目为《共同实行犯研究》。

犯"①;陈兴良教授认为:"共同正犯是两人以上共同故意实施犯罪构成客观方面行为的实行犯"②;张明楷教授将共同正犯定义为:"二人以上共同实行犯罪的情况,我国刑法理论称之为简单共同犯罪"③;陈家林教授主张从形式的客观说给共同正犯下定义,认为共同正犯是指:"两人以上共同故意实施刑法分则所规定的犯罪构成客观方面行为的犯罪形态"④;王光明博士则从犯罪事实支配理论出发,认为作为一种犯罪形态的共同正犯来讲,"共同实行犯是指两个以上的行为人,基于共同实行的故意与实行行为的分担,在犯罪实行阶段共同功能性地支配构成要件的实现的犯罪形态"⑤。笔者以为,共同正犯的概念不宜进行形式的认定,而应根据犯罪支配理论进行实质的考量,"共同正犯的部分实行全部责任原则,决定了共同正犯必须是各行为人在共同实行一定犯罪的意思下,分担实行行为,相互利用、补充对方的行为,使各行为人的行为成为一个整体而实现犯罪。因此,成立共同正犯,要求二人以上主观上具有共同实行的意思(意思的联络),客观上必须有共同实行的事实(行为的分担)"⑥,所以笔者赞同王光明博士对共同正犯的定义。

2. 共同正犯的性质界定

共同正犯到底是正犯的一种还是共犯的一种,理论上众说纷纭,莫衷一是,从立法上看也存在截然不同的规定。德国刑法规定:数人共同实施犯罪的,均以正犯论处(共同正犯);日本刑法却规定:两人以上共同实行犯罪的,都是正犯。共同正犯始终是正犯的一种,不是共犯,德国的耶赛克、魏根特以及日本的木村龟二教授就持此观点;共同正犯是属于共犯的一种而不是正犯,日本著名的刑法学者西田典之教授和西原春夫教授即主张此观点;共同正犯兼具正犯和共犯的双重属性,如蔡墩铭教授即持此观点。⑦

我国大陆刑法通说在对共同犯罪分类时论及共同正犯,"简单的共同犯罪,在西方刑法中叫共同正犯(即共同实行犯),指两人以上共同故意实行某一具体犯罪客观要件的行为"⑧。通说同时认为,简单共同犯罪中的每一个共同犯罪人都是实行犯,由此可见,我国刑法通说既认可共同正犯的共犯性,又认可共同正犯的正犯性。林亚刚教授则更为直接地指出:"事物的属性在于其本质特征,共同正犯是正犯的一种还是共犯的一种,关键取决于对这种类型的犯罪的处罚应当依据正犯还

---

① 马克昌:《犯罪通论》,武汉大学出版社1999年版,第525页。
② 陈兴良:《论我国刑法中的共同正犯》,载《法学研究》,1987年第4期,第37—41页。
③ 张明楷:《刑法学》(第三版),法律出版社2007年版,第326页。
④ 陈家林:《共同正犯研究》,武汉大学出版社2004年版,第35页。
⑤ 参见王光明:《共同实行犯研究》,吉林大学博士论文,2009年,第69页。
⑥ 张明楷:《刑法学》(第四版),法律出版社2012年版,第361页。
⑦ 参见陈家林:《共同正犯研究》,武汉大学出版社2004年版,第35—37页。
⑧ 高铭暄、马克昌:《刑法学》,北京大学出版社、高等教育出版社2000年版,第173页。

是共犯。共同正犯虽然具有实行犯的特征,但是,共同正犯的共犯性是其主要方面,对它的认识和处罚依据,应当是共同犯罪的原理和规定。"① 显然林亚刚教授也认为共同正犯兼具共犯和正犯的属性,只不过更倾向于共犯。陈家林教授也反对将共同正犯单纯地归属于正犯或共犯类型,认为共同正犯是正犯和共犯之间的中间类型,兼有共犯和正犯的属性。② 笔者以为,共同正犯同时具有共犯和正犯的属性,就共同正犯所具有的正犯属性侧面来看,共同正犯区别于单独正犯的核心基础在于其共同性上,共同正犯的共同性就在于复数行为主体形成共同的意思决定,进而实施共同行为,申言之,此共同性基础系建立于共同意思、共同行为之范围以及行为人对等关系等条件上。③

(二)共同正犯的形成结构

1. 行为主体间形成共同实行的意思

行为主体在犯罪事实发展过程中,居于发动者的地位,行为必须由行为主体开启,因而,于犯罪的形成结构分析中,自然不能无视行为主体的地位。在共同正犯类型中,每个参与者都发动一个行为事实,都立于行为主体的地位。共同正犯的每个行为主体由于都亲自实施犯罪行为,因而都属于正犯。共同正犯的每一行为主体对犯罪行为的发展具有支配性力量。这种支配是一种共同的犯罪支配,所有的行为主体相互作用、共同支配整个犯罪过程。④

需要指出的是,在一般犯罪形态中,居于行为主体地位的人所实施的行为通常为构成要件行为,但是在共同正犯类型中,并非每个行为主体皆实施构成要件行为,可能有的行为主体实施的并不是构成要件所规范的行为。⑤ 这样就会产生一个问题,既然行为主体实施的不是构成要件规范的行为,为何要将其视为正犯来加以处罚呢? 这其实涉及主体间的共同性关系问题。⑥

共同正犯主体间的共同性关系,可从主观和客观两个方面来进行考察。柯耀程教授将共同性关系的基础定位于二人以上基于共同实现行为的意思,并认为这种共同实行的意思决定必须涵盖犯罪行为的类型、行为程度、参与角色的行为分配认知、地位对等的行为意思认知、一致对外的意思形成关系,以及贯彻意思实现的

---

① 林亚刚:《共同正犯相关问题研究》,载《西北政法学院学报》(法律科学),2000年第2期,第92-98页。
② 参见陈家林:《共同正犯研究》,武汉大学出版社2004年版,第35-37页。
③ 参见柯耀程:《刑法总论释义——修正法篇》,元照出版有限公司2006年版,第365页。转引自李岚林:《对向犯研究》,武汉大学博士论文,2014年,第89页。
④ 参见林山田:《刑法通论》(下),北京大学出版社2012年版,第37页。转引自李岚林:《对向犯研究》,武汉大学博士论文,2014年,第89页。
⑤ 典型的如所谓的共谋共同正犯中,有的行为人实施的仅仅是犯罪预备行为。
⑥ 参见蒋薇君:《论对向犯》,(台北)中正大学硕士论文,2006年,第143-144页。

认知等内容。① 我国学者则一般认为,成立共同正犯,各个行为主体主观上必须有共同实行犯罪的故意。② 这里所讲的共同实行的故意,是指"二个以上行为人明知自己是在与他人共同实行危害行为,并且明知共同犯罪行为会发生危害社会的结果,而希望或者放任这种结果发生的心理态度"③。需要指出的是,这种行为主体间共同实行的故意必须存在于行为主体相互之间,换言之,各个共同正犯的行为主体之间就共同实行犯罪形成了意思联络,另外,这种意思联络并不要求在行为主体间直接发生,也可以以某人为中介而间接地形成,这种共同实行的意思联络也不要求行为主体存在事前的同谋,仅在行为时存在即为已足。

共同正犯主体间的共同性关系,在客观方面的要求是,行为主体间必须有共同实行犯罪的"共同实行的事实"。这里所谓的"共同实行的事实",是指两人以上共同实施实行行为,即每个行为主体分担实行行为、互相利用和补充其他行为主体的行为。④ 经由以上论述可知,共同正犯必须建构在行为主体形成共同的意思决定并形成表现于外部的共同实行的事实的基础之上。

2. 共同实现构成要件行为

成立共同正犯,除了要求二人以上主观上具有共同实行的意思(意思的联络),客观上还必须有共同实行的事实(行为的分担)⑤,因而,各行为人必须基于其所形成的共同实行的意思而共同实现构成要件行为,才能构成共同正犯。陈家林教授明确指出:"要成立共同正犯,除了主观上的要件之外,还需要客观的要件,即两人以上共同实行犯罪的共同实行的事实。"⑥在这里需要指出的是,行为人实现的共同行为不能逾越彼此间所形成的共同意思范围,也就是说,共同行为的实现要受到共同性的制约。

需要注意的是,根据行为人所形成的共同意思决定而实施的共同行为,一般表现为各个行为人都分担一部分实行行为,但也可能会有所为行为互有差异的情形,有的行为人实施构成要件行为,有的行为人实施的则不是构成要件行为。⑦ 例如,甲、乙、丙、丁四人约定共同盗窃,其中甲负责开车把乙、丙、丁运送到盗窃现

---

① 参见柯耀程:《刑法总论释义——修正法篇》,元照出版有限公司2006年版,第365-367页。转引自李岚林:《对向犯研究》,武汉大学博士论文,2014年,第90页。
② 林亚刚:《共同正犯相关问题研究》,载《西北政法学院学报》(法律科学),2000年第2期,第92-98页。
③ 陈家林:《共同正犯研究》,武汉大学出版社2004年版,第82页。
④⑥ 陈家林:《共同正犯研究》,武汉大学出版社2004年版,第88页。
⑤ 参见张明楷:《刑法学》(第三版),法律出版社2007年版,第327页。
⑦ 典型的如所谓的共谋共同正犯的问题。

场,乙负责技术性开锁,丙负责进入室内寻找财物并把财物搬至室外,丁负责在门外望风。① 严格而论,在本案例中只有丙的行为是盗窃罪的构成要件所规范的行为,其他甲、乙、丁的行为则不是盗窃罪规范内要处罚的对象,但由于甲、乙、丙、丁四人间具有共同的意思决定,因而对四人都论以盗窃罪的共同正犯的刑责。德国的罗克辛教授提出的"功能性支配"理论为此提供了法理依据,罗克辛教授认为,共同正犯是经过由分工实施而达成实现构成要件的结果,则共同行为人的事实支配便来自其对于实施行为的功能上。② 换言之,共同正犯中的每个行为人在共同意思决定支配下所实现的行为,对于整体犯罪结果的实现都具有独特的存在价值,因而,尽管各行为人由于在犯罪中的分工不同而实施不同的行为,但不影响对其评价为共同正犯,每个行为人不必参与犯罪事实的全部,也不必同时同地实施。一言以蔽之,"共同正犯共同行为之实施,非指每个人皆必须满足构成要件行为,只要其系平行且以合作方式分工实现犯罪行为即可"③。由此可见,在上述案例中,不论甲、乙、丁所实施的行为是不是盗窃罪规范的构成要件行为,只要他们各人的行为是对他人行为的相互利用和补充,就不妨碍共同正犯的成立。

二、共同正犯与对向犯的差异

(一)行为主体方面的差异

共同正犯与对向犯都是复数行为主体参与的犯罪类型,行为主体都能被评价为正犯,这是二者的共同之处。但共同正犯成立的基础在于行为主体间的"共同性关系",而对向犯成立的基础在于行为主体间的"对向性关系",由于行为主体所立基础的差异④,直接导致二者存在形式的不同。具体言之,在共同正犯的结构上,每个参与犯罪的人都居于行为发动者的地位而开启一个行为事实,每个参与者都亲自实施犯罪行为,对于犯罪行为历程的发展都具有支配力量,对于整个犯罪的完成都具有价值,因而,每个参与者都是行为主体,至于行为的对象,则以共同正犯整体之外的其他人为行为对象。需要指出的是,在共同正犯中,尽管每个参与者都

---

① 刑法理论上就望风行为的性质,有实行行为说(其中又有全体考察说和共谋共同正犯理论之别)、帮助行为说、具体分析说(其中又有主观说、实质的客观说、犯罪类型说之分)。具体观点可参见陈家林:《共同正犯研究》,武汉大学出版社2004年版,第90—93页。

② [德]克劳斯·罗克辛:《德国刑法学——犯罪原理的基础构造》(第1卷)(中译本),王世洲译,法律出版社2013年版,第77页。转引自李岚林:《对向犯研究》,武汉大学博士论文,2014年,第91页。

③ 蒋薇君:《论对向犯》,(台北)中正大学硕士论文,2006年,第147页。

④ 也正是由于共同正犯与对向犯成立基础的差异,导致二者体系上的归属也不一样,共同正犯向来被认为属于任意共犯的范畴而在刑法总则中予以规定,而对向犯则素来被归属于必要共犯的范畴而在刑法分则中予以研究。

亲自实施犯罪行为,但并非都实施特定犯罪规范的构成要件行为。在共同正犯这个犯罪共同体中,由于每个成员都受所形成的共同意思决定的制约,每个成员对于犯罪的实现都具有相同的犯罪意思,每位成员根据自己的角色和他人互相配合、补充,共同完成整体的犯罪,因而,每个参与者都具有对等的地位。

相较之下,由于对向犯的行为主体间形成的对向关系的要求,在对向犯的结构中,尽管参与犯罪的数人也都各自发动一个行为事实而居于行为主体地位,但是,每个行为主体同时又居于行为客体的地位,即他又作为他行为主体的行为对象而同时存在,换言之,每个参与者都兼具行为主体和行为客体的双重功能角色。另外,对向犯的各行为主体由于立于对立的地位,因而,个别的行为主体对于犯罪的实施具有个别的犯罪意思(无论是行为形式一致还是行为形式不一致的对向犯类型,这一点上没有差别),而不像在共同正犯中,各行为主体间形成共同的意思决定。[1]

（二）行为结构关系上的差异

从行为结构的维度看,共同正犯与对向犯存有差异。首先,在共同正犯类型中,由于行为主体间"共同性关系"的制约,参与者基于其所形成的共同意思决定的支配,必然共同参与实施犯罪行为,每位参与者所实施的行为都作为犯罪整体行为的一部分出现,行为所攻击的对象是参与者之外的他人。在对向犯类型中,由于行为主体间所具有的"对向关系"使然,每位参与者都居于行为主体地位,同时又都居于行为客体地位,所有参与者所为的行为都在对向犯的整体中展现。无论是行为形式一致的对向犯还是行为形式不一致的对向犯,在犯罪形成结构上,形成对向关系的行为主体实施的行为都是针对他主体而产生行为侵害效应,即其不仅仅是自己行为侵害效应的发动者,也是他主体行为所致侵害效应的承受者。[2] 其次,在共同正犯中,参与者在共同意思决定的支配下,共同实施犯罪行为,只不过会由于分工的不同导致参与者之间实施不相同的行为,即可能部分参与者实施特定犯罪规范的构成要件行为,部分参与者实施构成要件以外的行为。这并不与共同正犯的共同性要求相冲突,因为共同正犯的功能性分工实施之机制系立于共同意思形成之基础下。换言之,此功能性分工系形成共同性基础后之产物,并非由此功能性分工而推导出共同性基础。[3]

（三）互异的评价非难关系

在共同正犯形态中,由于参与者在共同意思决定支配下所共同实施的行为针对的是参与者之外的人,即共同正犯的客观方面的行为是以参与的共同犯罪人之

---

[1] 参见李岚林:《对向犯研究》,武汉大学博士论文,2014年,第93页。
[2] 参见李岚林:《对向犯研究》,武汉大学博士论文,2014年,第94页。
[3] 参见蒋薇君:《论对向犯》,(台北)中正大学硕士论文,2006年,第150页。

外的人为其攻击对象,行为的侵害效应在参与者之外的他人处展现,因而共同正犯的评价非难关系是对外发生的。在对向犯的形态中,由于对向犯的行为主体立于对向关系,行为呈现出一种交错合致的关系,行为的侵害效应在行为主体内部展现,因而对向犯的评价非难关系是对内发生的。①

第三节　对向犯与连累犯②的界分

一、连累犯的概念和构成特征

(一)连累犯的概念界定

刑法中存在这样一种现象,即有的犯罪同其他犯罪的犯罪构成存在着衍生的关系,如我国《刑法》第191条规定的洗钱罪,与它的上游犯罪如毒品犯罪、黑社会性质组织犯罪、走私犯罪、恐怖活动犯罪等存在着这样的衍生关系;再如我国《刑法》第310条规定的窝藏、包庇罪与其他犯罪人实施的某种不特定的犯罪之间也存在这种衍生关系。国外刑法中的赃物罪与其上游的财产犯罪也存在这样的关系。从立法史上看,世界各国曾经把这种本犯的衍生犯罪作为一种事后共犯,即当作本犯的共犯处理。但现在一般把这种衍生的犯罪从共犯中独立出来,作为一种单独的犯罪进行处罚。在我国刑法理论上,一般把这种由本犯而衍生出来的犯罪称为连累犯。

尽管对连累犯的范围有基本一致的认识,但学界就连累犯的概念存在不同的认识:第一种观点认为,连累犯是指同实施犯罪有关,但并不是组织或利用各种方式帮助犯罪实施的行为。③ 第二种观点认为,连累犯是对实施犯罪后的犯罪者给予帮助的犯罪行为。④ 第三种观点认为,连累犯是指事前与他人无通谋,在他人犯罪以后,明知他人犯罪的情况,而故意地以各种形式帮助,依法应受处罚的行

---

① 参见蒋薇君:《论对向犯》,(台北)中正大学硕士论文,2006年,第151页。
② 也有学者称为派生犯,也有学者在与原罪相对应的意义上称之为本罪。参见顾德镛、张补联:《原罪与本罪研究初论》,载《中国法学会刑法学研究会2002年年会论文汇集》,第566页。谢望原、吴光侠:《派生研究》,载《中国刑事法杂志》,2003年第3期,第19-25页。
③ 李光灿:《中华人民共和国刑法论》(上册),吉林人民出版社1989年版,第212页。转引自付治国:《论刑法中的连累犯》,载《广西政法管理干部学院学报》,2003年第4期,第80-82页。
④ 罗平:《论犯罪的牵连行为》,载《法学与实践》,1985年第6期。

为。① 第四种观点认为,连累犯是指我国刑法规定的,在犯罪构成上以基本犯的相关人或物为自己犯罪对象的一种事后帮助型犯罪。② 第五种观点认为,连累犯是指事前与他人没有通谋,在他人犯罪既遂以后,明知他人的犯罪情况却参与其中,以他人犯罪相关的恶人或物为犯罪对象,依法应受刑事处罚的事后帮助行为。③ 笔者以为,第一种观点仅仅从反面排除成立连累犯的情形,对于什么是连累犯并没有明确的界定,因此这种定义方式缺乏概念的明确性。第二种观点的缺陷在于它既没有指明连累犯的主观特征,又给人以连累犯似乎是一种共犯之感,也难谓恰当。第三种观点的缺陷在于它没有指明连累犯应受刑事处罚的特征。第四种观点只限定了连累犯客观方面的而行为特征而没有限定连累犯的主观构成特征,因而也有所欠缺。第五种观点则既体现出了连累犯非共同犯罪的属性及自身的刑事违法性,又凸显出了连累犯相较于本犯的衍生性特征及主观方面的特征,因此为本书所肯定。

(二) 连累犯的构成特征

由于对连累犯的内涵界定各异,因而学者们对其构成特征的概括也不一致。

有学者把连累犯的构成特征概括为:①自身规定的独立性,强调连累犯与本犯是两个独立的恶犯罪,并且认为判断是否两个独立的恶犯罪,应以最高人民法院司法解释确定的罪名为依据;②犯罪之间的连累性,强调连累犯的成立与本犯存在必要条件关系;③形成时间的事后性,强调连累犯在本犯犯罪既遂之后成立的特性;④主观心态的故意性,强调连累犯的罪过形式是故意。④

有学者把连累犯的构成特征表述为:①在本质上,连累犯尽管以本犯的成立为前提条件,但是连累犯是一种事后通谋的行为,强调连累犯的非共犯性质;②从客观上看,连累犯是一种袒护或掩护犯罪的作为或不作为,强调连累犯妨碍司法机关正常活动的特性;③主观上,强调连累犯明知本犯的行为性质而为之的故意心态;④从法律上看,连累犯是刑法明确规定予以处罚的行为,强调连累犯的法定处罚性。⑤ 有学者将连累犯的构成特征提炼为:①具有派生关系的犯罪必须是刑法分则规定的具体犯罪,强调本犯和连累犯都有独立的罪名、构成要件和独立的法定刑;

---

① 陈兴良:《共同犯罪论》,中国社会科学出版社1992年版,第464页。
② 吴光侠:《论连累犯》,载《政法论丛》,2003年第2期,第34-36页。
③ 王子晏:《连累犯基本问题探析》,载《海南大学学报》(人文社会科学版),2011年第3期,第44-49页。
④ 参见吴光侠:《论连累犯》,载《政法论丛》,2003年第2期,第34-36页。
⑤ 参见石晓惠、王寒娜:《连累犯问题之我见》,载《郑州经济管理干部学院学报》,2007年第3期,第60-62页。

②不同的犯罪之间具有派生关系,强调连累犯的成立以本犯的成立为先决条件①;③连累犯在形成时间上具有事后性,强调连累犯不属于共犯范畴;④主观方面的故意性,强调连累犯的主观心态是故意。②

还有学者把连累犯的特征总结为:①罪名的法定性;②行为的事后性;③对本犯的依附性;④主观方面的明知性;⑤对本犯的助长性。③

笔者以为,这些学者对连累犯的构成特征的概括都有可取之处,基本上把握住了连累犯的本质特征,但似乎不够准确和精炼,比如,有学者主张对本犯的助长性也是连累犯的构成特征之一,对本犯的助长性仅仅是对连累犯行为效果的一种评价而不是构成特征;有学者认为罪名的法定性是连累犯的一个构成特征,根据罪刑法定原则的要求,所谓的连累犯当然必须由立法者在刑法中予以明确规定,把罪名的法定刑作为一个构成特征似乎并无必要。笔者在充分吸收借鉴以上学者观点的基础上,对对连累犯的构成特征做了如下归纳:①独立于本犯的行为主体。连累犯的行为主体具有独立性,其单独的开启一个不同于本犯的行为事实,连累犯的行为主体和本犯的行为主体之间没有事前的意思联络。②以本犯行为存在为必要条件。连累犯由于在本质上是对本犯行为的一种事后帮助行为,因而,连累犯的构成必定以本犯行为的存在为前提,如果没有本犯行为,则自然也就没有连累犯的行为存在。至于是否要求本犯的行为必须构成犯罪,笔者以为,只要本犯的行为具备刑事违法性就可以,不要求本犯具有责任。③主观方面具有故意。刑法之所以处罚连累犯,一个很重要的原因就是其对本犯有助长性,既然如此,要求行为人在主观方面必须认识到(或有认识的可能)本犯的行为性质,然后采取希望或放任的态度去为事后的帮助行为,才具有刑事违法性和责任,因此连累犯的主观方面要求具有故意。

二、连累犯与对向犯的差别

(一)行为主体方面的差别

一如前述,连累犯存在独立的行为主体,连累犯的行为主体与本犯的行为主体之间完全立于一种相互平行独立的关系,每个行为主体都单独发动一个犯罪事实。

---

① 刑法理论上对连累犯的成立是否要求本犯的而行为构成犯罪有不同的认识,一种观点认为应从刑事诉讼程序意义上来理解,即只要有证据证明那个有犯罪事实发生即为已足,尽管由于本犯存在阻却责任的情形也不影响连累犯的成立,另一种观点则认为,连累犯必须以本犯的行为立实体意义上的犯罪为先决条件。

② 参见谢望原、吴光侠:《派生犯研究》,载《中国刑事法杂志》,2003年第3期,第19-25页。

③ 参见王子晏:《连累犯基本问题探析》,载《海南大学学报》(人文社会科学版),2011年第3期,第44-49页。

连累犯的行为主体与本犯的行为主体并不存在相互依存制约的关系,就行为主体的面向而言,连累犯的行为主体与本犯的行为主体也不存在事前的意思联络关系。相较之下,对向犯的行为主体之间却有特殊关系的存在,对向犯双方的行为主体互以对方为行为对象,每个行为主体都同时担负着行为主体与行为客体的双重功能,行为主体之间就对向犯的整体行为形成交错合致的意思联络关系。

(二)行为结构方面的差别

我们考察连累犯的行为结构可以发现,连累犯的行为以本犯行为的存在为必要条件,但本犯的行为却不以连累犯的行为为必要条件,换言之,连累犯的行为对本犯的行为只具有单方面的依附性,而不是双方互相依存,互为对方行为之不可想象之不存在条件。我们分析对向犯的行为结构则可以发现,双方之间行为若经由条件因果关系的检验,对向犯双方行为主体的行为之间事实上存在双面向的互相依存关系,每一方行为都为另一方行为之不可想象之不存在条件,双方行为形成一种交错合致的关系。

(三)评价非难关系方面的差别

连累犯与对向犯在评价非难关系方面的差别也较为明显。连累犯的行为主体所为行为对象是行为主体之外的其他人,行为所致法益侵害方向向外进行,其评价非难关系自然对外发生,而对向犯由其特殊的行为结构决定,每个行为主体所致行为的法益侵害只存在于对向犯行为主体内部,而不扩及行为主体之外的人,因而,对向犯的评价非难关系是对外发生的。

第五章

片面对向犯①的若干问题

第一节 片面对向犯的概念和构成特征

一、片面对向犯的概念分析

从刑法对对向犯的规定来看,一般存在以下几种类型:一是双方的罪名与法定刑都完全相同,典型的如重婚罪的规定;二是对双方的罪名与法定刑都予以不同规定的类型,典型的如行贿罪与受贿罪的规定;三是刑法只对一方的行为设置处罚规定的类型,典型的如贩卖淫秽物品,只处罚卖者一方,对买方则没有设置处罚规定。刑法理论上把第三种类型称为片面对向犯,也称为单向构罪的对向犯②、只罚一方的对向犯或不纯正的对向犯③,一般是指尽管预想到了对方的行为,但刑法只对一方设置处罚规定,而对另一方没有明文规定处罚的对向犯类型。从立法上看,我国《刑法》第363条第1款规定的贩卖淫秽物品牟利罪,第347条规定的贩卖毒品罪,《刑法》第218条规定的销售侵权复制品罪等情形即典型的片面对向犯的规定。

---

① 林亚刚教授不赞成片面对向犯的称谓,认为片面不是直面对向关系的解读,而是基于处罚必要性的解读,使用片面对向犯一词,有些词不达意,会引起不必要的误读,因为片面对向犯是你知我知的双面关系,只是刑法对其中一方没有设置处罚规定而已。参见李岚林:《对向犯研究》,武汉大学博士论文,2014年,第112页。

② 参见孙国祥:《刑法基本问题》,法律出版社2007年版,第389页。

③ 参见[意]杜里奥·帕多瓦尼:《意大利刑法原理》,陈忠林译,法律出版社1998年版,第339页。

对于我国刑法的这种立法规定方式,有学者认为,对于具有对向性行为的双方,都应该以犯罪认定,因为我国刑法还未对这些对向性行为都以共同犯罪加以处罚,以致某些具有严重社会危害性的行为得不到相应的处理,这又反过来会助长某些犯罪的蔓延。该学者还认为,既然双方具有对向性行为,抽去一方的行为则另一方的行为就会失去实施基础,既然对一方已作为犯罪处理,对促成犯罪的另一方却不作为犯罪处理,显然缺乏充足的理由。① 也有学者针锋相对地提出,将具有对合性的行为一律作为犯罪处理的观点是不可取的,因为犯罪的成立要求行为具有严重的社会危害性,这种将对合性行为一律作为犯罪处理的观点势必混淆一般违法与犯罪的界限,使得犯罪的范围膨胀,从而该学者主张应当选择一些具有严重社会危害性的对合性行为予以犯罪化。② 笔者认为,将具有对合性的行为全面予以犯罪化的观点过于迷信刑法的打击功能,有违刑法的谦抑性原则之嫌,从立法论上考虑可以选择一些值得动用刑罚的方式规制的行为予以犯罪化。

二、片面对向犯的构成特征

我国有学者对片面对向犯的构成特征进行了研究,把对向犯的构成特征概括为:①主体的对应性和双方性,对应关系的主体要求双方从不同角度对向实施相应的行为。②处于对应位置的双方,必须具有对应性行为。对应性行为是指密切配合使得犯罪得以成立或完成的行为,而不是一方或者双方相互否定的行为。③对向双方的行为相互依存而成立。④只有一方的行为受到法律的否定评价。③ 笔者以为,这种观点对片面对向犯的主体的双方性以及对应性行为的相互依存的概括是正确的,但是该观点没有反映出片面对向犯主体间的对向关系,不能不说是个遗憾,另外,该观点认为刑法只处罚一方的行为也是片面对向犯的构成特征是不正确的,因为,刑法对片面对向犯如何处罚,只是在成立片面对向犯后的规范评价问题,而不是片面对象犯的构成特征。

分析片面对向犯的构成特征,有助于深化对片面对向犯概念的把握,本书仍遵

---

① 参见杨新培:《试论对合犯》,载《法律科学》,1992年第1期,第321-322页。
② 参见谢彤:《对合犯若干问题探讨》,载《国家检察官学院学报》,2001年第4期,第3-8页。
③ 参见段安娜:《论片面对合犯》,湘潭大学硕士论文,2011年,第5-6页。

循"行为主体→行为→行为客体→评价非难关系"的思考进路,结合前述对对向犯类型①和构成特征的分析,对片面对向犯的构成特征进行如下具体探讨。

(一)存在两个以上的行为主体

作为必要共犯的一种,对向犯的构成以存在两个以上的行为主体为必要,行为主体可以是自然人也可以是单位,每个行为主体都立于发动者的地位,单独开启一个行为事实。一般情况下,对于行为主体没有特殊资格的要求,但也不排除有些情况下对片面对向犯的主体有特殊的要求。

(二)行为主体间具有对向关系

对向犯成立的核心基础在于行为主体间具有对向关系,即行为主体同时又是他行为主体的行为客体,参与者兼具行为主体和行为客体的双重功能。在片面对向犯类型中,仍应把检视行为主体间是否具有对向关系作为判断是否成立片面对向犯的基础。值得注意的是,片面对向犯由于只处罚一方的行为,因而片面对向犯的行为主体间的这种对向关系似乎更隐蔽一些,很容易忽略刑法没有明文规定处罚的一方行为主体的存在。

(三)行为形成交错合致关系

从行为存在形式的角度来看,片面对向犯不存在行为形式一致的类型,而只存在行为形式不一致的类型。在片面对向犯类型中,立于对向地位的双方行为主体实施的行为对于整个犯罪的完成都提供必要的助益,如果经由条件说因果关系的检验,每一方行为主体的行为对于犯罪的实现皆为刑法上不可想象之不存在条件,以及一方主体的行为对于另一方主体的行为也为其不可想象其不存在的条件,则可认定片面对向犯的双方行为主体间的行为达成了交错合致关系。

(四)内生的评价非难关系

片面对向犯的双方行为主体互以对方为其行为的对象,从行为侵害行为客体产生的效应来看,这种侵害效应发生于片面对向犯的行为主体内部,而没有扩及他人,因而,片面对向犯的评价非难关系是对内发生的。

---

① 我国有学者把对合犯分为四种基本类型:①对象转移型;②原因结果型;③双方互动型;④协力加工型。参见刘士心:《论刑法中的对合行为》,载《国家检察官学院学报》,2004年第6期,第29-35页。也有学者从揭示片面对合犯问题的实质方面将对合犯分为五种类型:①被害人嘱托型;②本犯教唆型;③买卖交易型;④行为对象型;⑤受益型。笔者认为,从行为形式的角度看,片面对向犯只存在行为形式不一致的类型。

第二节 片面对向犯不可罚性的法理分析

对于刑法没有明文规定处罚的对向犯的一方,能否依据刑法总则关于共犯的规定而将之论以教唆犯或帮助犯进行处罚,这是片面对向犯的核心问题,对此理论上一直聚讼不断,本节将介绍几种理论上有代表性的观点,并对之进行评析。

一、"立法者意思说"的长处与局限

"立法者意思说"认为,在具有对向犯性质的A、B两个行为中,立法者仅将A行为作为犯罪类型予以规定时,当然预料到了B的行为,既然立法者不设处罚B行为的规定,就表明立法者认为B行为不具有可罚性。如果司法实践中将对方以教唆犯或者帮助犯论处,则不符合立法者的意图。① 比如,贩卖淫秽物品的场合,由于立法者已经预想到了购买者的行为,但是由于立法者对购买方没有设置处罚规定,就表明立法者有意不处罚购买者的行为。近年来,在立法者意思说内部,有两种观点比较引人瞩目。一种观点认为,如果对向性参与行为没有超过正犯的定型性、通常性,则必要参与行为是不可罚的;另一种观点认为,如果必要参与行为是积极的实施,则可以作为教唆犯或帮助犯进行处罚。例如,西田典之教授认为,就散发淫秽物品罪而言,仅仅是说"卖给我",这种行为并不可罚,但"在特别积极地给卖方做工作,鼓动对方出售目的物的场合,就应认定构成教唆罪"。西田典之教授认为,这种情形下的必要参与者属于积极造意者,自然不能置于可罚性的框架之外。② 野村稔教授则认为,"关于贩卖猥亵文书罪的教唆,实质上所设定的贩卖猥亵文书罪中只能有正犯,所以既然是不处罚,那即使作为贩卖猥亵文书罪的教唆也不应该受处罚。"③除此之外,野村稔教授还基于其主张的教唆犯也是一种正犯形态的立场,认为只要是自己的购入行为,即便是购买人积极并且执拗地进行,也应认为这种行为不可罚,相对的,如果是对第三者进行积极执拗的劝诱购买猥亵文书,则不能说是立法者预想到的行为,因而应作为教唆犯处罚。张明楷教授也持"立法者意思说"的观点,认为"立法者意思说"对于解释真正意义上片面对向犯基本具有理论上的妥当性,不过张明楷教授认为立法者意思,应当是指刑法表现于外的客观含义或刑法的精神,而不是指立法者当初的原意或本意,因为刑法的客

---

① 参见张明楷:《刑法学》(第三版),法律出版社2007年版,第312页。
② 参见[日]西田典之:《日本刑法总论》,刘明祥、王昭武译,中国人民大学出版社2007年版,第310页。
③ [日]野村稔:《刑法总论》,全理其、何力译,法律出版社2001年版,第382页。

观含义未必明确,因此不能对其做形式的判断,而应考虑违法性的实质标准。① 黎宏教授也认为,在教唆他人将淫秽物品卖给自己的场合,刑法既然只规定处罚贩卖一方,就表明购买行为的社会危害性很小,不值得动用刑罚规制,因此,没有必要适用刑法总则有关共犯的规定将教唆者作为教唆犯或帮助犯处罚,即使购买一方的行为是反常的、过分的,也应遵守同样的规则。② 从黎宏教授的论述来看,似乎也赞同"立法者意思说"的观点。

对于"立法者意思说",有学者认为存在两点疑问,一是不可罚的必要性参与行为的界限并不明确,界定必要性参与行为的不可罚性的所谓定型性或通常性的标准也非常暧昧。二是"立法者意思说"的基本思想不具有一贯性。③ 山口厚教授也基本赞同西田典之教授的批评意见,并提出,在判断未被明确规定为犯罪的对向行为是否得以作为共犯处罚时,依据"立法者意思"说直接得出否定结论可谓是最后的手段,首先应该对于实质的根据加以探讨,判断其是否具有作为共犯的可罚性。

笔者以为,"立法者意思说"站在参与行为具有定型性的立场,认为只要没有超出立法者预想到的行为的程度,就不值得处罚,这有理论适用上的便利性,最为简洁明快。另外,"立法者意思说"坚持的只要刑法没有明文处罚规定就不得予以处罚的观点,至少从形式上贯彻了罪刑法定原则的要求,这一点也值得赞同。但是,"立法者意思说"把参与行为的定型性、通常性作为判断是否可罚的标准,有判断标准模糊之嫌,因为参与行为是否逸脱了立法者所设定的定型性、通常性的判断标准,并非是一个不言而明的问题,再者,由谁来判断必要的参与行为是否具有定型性、通常性,容易滋生歧义。

二、"实质说"的褒贬两论

对于片面对向犯的不可罚的依据问题,刑法理论上长久以来一直以"立法者意思说"进行一元性的、形式性的说明,正是考虑到"立法者意思说"存在的一些疑问,因此,有些学者试图从更为实质的角度为片面对向犯的不可罚性提供理论依据。例如,日本的平野龙一教授就认为,立法者没有对片面对向犯的必要参与者设置处罚规定,其立法主旨仅仅在于片面对向犯的行为不能作为正犯处罚,并不包含也不能作为共犯处罚,因此,要说明片面对向犯的不可罚性应从违法性或责任等实

---

① 张明楷:《刑法学》(第四版),法律出版社2012年版,第350-351页。
② 参见黎宏:《刑法学》,法律出版社2012年版,第281页。
③ 参见[日]西田典之:《日本刑法总论》,刘明祥、王昭武译,中国人民大学出版社2007年版,第311页。

质根据上去考虑。①

"实质说"的实质根据之一是,所谓的处于"被害人地位",也就是说,如果刑法的处罚规定是以保护参与实施的被害人为目的,即参与实施者处于规范保护的"被害人地位"时,则参与行为缺乏违法性而不可罚。例如,日本的《禁止未成年人吸烟法》第5条规定,对明知对方是未成年人仍出售香烟者予以处罚。很显然,即使是未成年人积极的要求向其出售香烟,对该未成年人也不能作为违犯该法的教唆犯加以处罚,其不予处罚的实质性根据就在于该法的目的是保护未成年人,未成年人属于"被害人"。再比如,我国刑法对嫖宿幼女的行为进行处罚,其目的是保护幼女的身心健康,因而即使幼女唆使对其实施嫖宿行为,该幼女也不能作为嫖宿幼女罪的教唆犯进行处罚。

"实质说"的实质根据之二是,必要参与者不具备有责性时则不可罚。例如,犯人教唆必要参与者毁灭证据的场合,正犯者自己毁灭证据的行为都因为欠缺期待可能性而不受处罚,则作为共犯的应该说更不具有期待可能性。对于"实质说",西田典之教授评价:"如果采取上述实质说,认为必要共犯的不可罚根据在于缺乏违法性或责任,那么,参与行为是否当然可以预想到或者参与行为是否超过了通常性的框架,这已不再是问题。可以说,连一直以来所理解的必要性共犯这一概念甚至也不再需要。确实可以说,'实质说'基本指出了正确的方向。"②尽管如此,理论上也不缺乏对实质说的质疑,有学者认为,"实质说"难以解决购买淫秽物品的行为是否成立共犯的问题。③还有学者认为,"实质说"的理论基础并不一定稳固,不能因为"实质说"具有基本的妥当性而完全否定"立法者意思说"这一意义上的必要性共犯概念存在的必要性,因而主张"即使采用'实质说',也应当维持'立法者意思说'这一意义上的必要性共犯概念,但其范围应该限定在,在成立某种犯罪的场合,概念性地当然必要的对向性参与行为,只要是属于这一范畴的行为,便不应再考虑其是否具有定型性或通常性"。④

笔者认为,"实质说"分别从"被害人地位"以及不具有期待可能性的角度出发,实质地考察片面对向犯不可罚的理由,一改以往一元地、形式性地说明的研究方法,首先在方法论上就值得推崇。另外,实质说的主张的确能为片面对向犯不可罚的解释提供正确的指导方向,也能对一些片面对向犯不可罚的理由进行令人信服的说明。但是,"实质说"也有不尽完美之处,正如张明楷教授指出的那样,它难

---

① 参见[日]平野龙一:《刑法总论Ⅱ》,有斐阁1975年版,第379页。
② [日]西田典之:《日本刑法总论》,刘明祥、王昭武译,中国人民大学出版社2007年版,第312页。
③ 参见张明楷:《刑法学》(第三版),法律出版社2007年版,第312页。
④ [日]西田典之:《日本刑法总论》,刘明祥、王昭武译,中国人民大学出版社2007年版,第312页。

以解决购买淫秽物品的行为是否成立共犯的问题,因为对法益的理解不同则得出的结论就可能完全相反,例如,就未成年人购买淫秽物品而言,倘若把贩卖淫秽物品牟利罪的保护法益理解为超越个人的淳朴健康的社会风尚的话,则购买淫秽物品的未成年人就由被害人转化为共同加害人了,此时对其进行处罚也就具有理论根据了。另外需要指出的是,由我国平面耦合的犯罪构成要件体系所决定,容纳适合于德、日等国的三阶层构成要件体系的实质说,恐怕还会存在体系上的不协调问题,因此,就片面对向犯不可罚性问题,应当结合我国的犯罪构成要件体系去进行分析。①

三、"可罚的规范目的说"的主张及质疑

"可罚的规范目的说"认为,之所以不处罚片面对向犯的一方的参与行为,应当从犯罪论的实质理由和处罚的必要性上去考量,从而做出一种政策性的判断。"因为在法益受到侵害或威胁的情况下,即使法律的规定有保护被害人的目的,但被害人自身的行为并非完全没有违法性,只不过是欠缺可罚的违法性,在缺乏责任的场合,也只是欠缺可罚的责任。这些行为被排除在构成要件之外,原本就是立法者政策的当罚性判断。因此,片面对向犯的另一方行为不受刑罚处罚,是立法者从规范的目的出发,从刑事政策上所作出的该行为不具有可罚的违法性或可罚的责任判断所致。"②

"可罚的规范目的说"从法益保护角度入手去考察片面对向犯的排除可罚性的理论根据,从而认为应作一种刑事政策上的判断,具有相当的合理性,因为对片面对向犯的必要参与者进行处罚,就是因为其侵害或威胁了刑法所保护的法益,从此点而言,该说值得赞许。但是,该说也存在一些问题,比如,该说能否为片面对向犯的不可罚性提供一个明确的基准? 该说认为在处于被害人地位的场合,被害人自身的行为也具有违法性,只是缺乏可罚的违法性,这恐怕令人难以接受。

---

① 杜文俊博士就认为,排除片面对向犯的可罚性应着眼于法益保护的立场,根据混合惹起说,从行为是否存在构成要件的法益侵害,是否该当共犯的犯罪类型的角度来解决,在我国通说的构成要件体系下,需要最终回到否定共犯的构成要件上,这只能从否定存在法益侵害(如在被害人的场合),或者否定可罚的法益侵害等方面,否定行为具有实质的违法性,从而否定共犯的构成要件,其最后得出结论:法益考量是片面对向犯的出罪路径。参见杜文俊:《论片面对向犯的出罪路径——以法益侵害为视角》,载《政治与法律》,2009年第12期,第80-89页。

② [日]山中敬一:《刑法总论》(第2版),成文堂2008年版,第786页。转引自陈家林:《外国刑法通论》,中国人民公安大学出版社2009年版,第489页。

第三节 多维度的综合考量说之论证

对于片面对向犯不可罚的解释，无论是立法者意思说、实质说抑或可罚的规范目的说，都不能给出令人满意的答案，笔者也深感力有不逮，提出一些粗浅的看法，期望能借此激发以后持续研究的动力。笔者以为，解决片面对向犯不可罚的问题，不能求诸一种单一的理论解决模式，而应联系共犯的处罚根据，综合法益侵害、刑事政策、期待可能性、刑法的谦抑性以及刑法体系解释等多种因素进行综合考量。

一、片面对向犯与共犯处罚的理论根据

对向犯属于必要共犯的一种，从德、日刑法的最广义共犯概念的角度来理解必要共犯，即必要共犯是刑法分则规定的必须由二个以上的行为主体参与实施构成要件行为的犯罪形式。必要共犯的正确处理，与共犯的处罚根据有紧密的联系，所以笔者先就共犯的处罚根据进行检讨，然后再讨论片面对向犯的不可罚的法理进行具体分析。

共犯的处罚根据，实质上就是解决为何共犯并没有亲自动手实施，而仅仅对正犯予以教唆或帮助的行为缘何受罚的问题。关于共犯的处罚根据问题曾经在德、日刑法上并没有得到应有的重视，因为理论上一直形式性地解读这一问题，认为共犯之所以受处罚，是因为其符合刑法总则规定的教唆犯、帮助犯的修正的犯罪构成。所以关于共犯的处罚根据问题，一度是德、日刑法理论上的一个边缘问题。在我国的共犯理论中，更是鲜有学者探讨教唆犯、帮助犯的处罚根据问题。我国刑法通说从因果关系的立场出发来说明共犯的处罚根据，认为实行犯的实行行为直接引起犯罪结果的发生，因而实行行为是犯罪结果发生的直接原因，组织犯、教唆犯、帮助犯的行为促使实行犯实行犯罪，因而，组织行为、教唆行为、帮助行为是犯罪结果发生的间接原因，它们作为共同犯罪行为的统一体，都与犯罪结果之间存在因果关系。[①] 有学者认为，通说的观点对共同犯罪的处罚根据没有进行进一步的论证，因而，远未达到成为一种有理有据，能够贯彻整个共犯体系的学说的程度，除此之外，通说的观点在某些涉及共犯处罚的具体问题上，也没有彻底坚持通说的立

---

① 参见马克昌：《犯罪通论》，武汉大学出版社1999年版，第509页。另见高铭暄、马克昌：《刑法学》（第3版），北京大学出版社、高等教育出版社2007年版，第180页。

场。① 由于我国刑法通说的观点存在缺陷,导致在共同犯罪的认定和处罚方面存在混乱。② 所以,现在我国不少学者也和德、日刑法学者一样,从实质的角度来探讨的共犯处罚根据。在当今的德、日刑法学上,关于共犯的处罚根据,主要存在三种代表性的学说,以下分述之。

(一)责任共犯论

责任共犯论试图从正犯与共犯的关系中寻求共犯的处罚依据,依照责任共犯论的观点,之所以处罚共犯是因为它使正犯堕落,使正犯实施该当构成要件的违法有责的行为从而陷入罪责。按照德国刑法学者迈耶的说法,就是"正犯杀人,而教唆犯制造杀人的人"③。以教唆犯为中心的责任共犯说认为,要成立共犯,就必须要求正犯的行为具备构成要件该当性、违法性和有责性,这显然是采用的极端从属性的观点,而现在一般在共犯的从属性上采取比较合理的限制从属性的观点,加之责任共犯论不能为同为共犯的帮助犯作出合理的解释,因而,责任共犯论的观点在德日已经衰退,几乎没有了正面的支持者。

责任共犯论在我国刑法学上不被采纳,究其原因在于,犯罪的本质在于行为侵害了刑法所保护的法益,共犯之所以受处罚,也和其行为导致的法益侵害有关,而责任共犯论所认定的共犯处罚根据在于共犯使正犯犯罪、使正犯陷入罪责和刑罚当中,这显然背离了法益侵害的立场。另外,德、日刑法理论上一般认为,违法是连带的,而责任是个别的,我国刑法也一贯坚持罪责自负原则,而责任共犯论的观点也违背这一原则。以责任共犯论的观点来解释片面对向犯也行不通,比如,在购买者诱使他人向自己出售淫秽物品的场合,依照责任共犯论的观点,因为购买者诱使出售者实施了构成要件行为,使其陷入了罪责,应对其论以贩卖淫秽物品牟利罪的教唆犯的刑责,但是,现行刑法却对购买者的这种行为没有设置处罚规定。

(二)违法共犯论

在批判责任共犯论基础上发展起来的违法共犯论,从共犯使正犯陷入违法行为的角度寻求共犯的处罚根据,认为共犯之所以受处罚,是因为它使正犯实施了符合构成要件的违法行为,而不要求正犯行为具备有责性。显然,违法共犯论的理论基础是行为无价值论。德国学者韦尔策尔就认为,"共犯之所以受到处罚,仅仅是因为唤起了由于社会难以忍受因而被看作为违法行为的意图,或者为将该种意图贯彻到底而实施了帮助"。因为其理论根基是行为无价值,因而在违法共犯论者看来,和责任共犯论一样,未遂的教唆(陷阱教唆)具有刑事可罚性。

违法共犯论在事实上认可了违法的连带性,即只要正犯的行为违法,共犯的行

---

① 参见黎宏:《刑法总论问题思考》,中国人民大学出版社2007年版,第500页。
② 参见黎宏:《刑法总论问题思考》,中国人民大学出版社2007年版,第500-501页。
③ 参见黎宏:《刑法总论问题思考》,中国人民大学出版社2007年版,第502页。

为也就违法而成立共犯。但是,正犯的违法性与共犯的违法性之间具有连带关系,在甲教唆乙杀死自己而没有达到既遂的场合,可能会得出不妥当的结论。① 另外,违法共犯论认为共犯使正犯实施违法行为就具有违法性,这是基于行为无价值得出的结论,其无视违法性中的侵害、威胁法益(结果无价值)的一面,这也难谓妥当,而且,其只能适用于狭义的共犯,无法对共同正犯适用。最后,即使主张违法共犯论的学者对违法的连带性理论作了修正②,但这种修正使违法共犯论与因果共犯论的界限变得暧昧,而且也难以推导出帮助犯的处罚根据。基于违法共犯论存在的这些缺陷,不能以违法共犯论作为共犯的处罚根据。

(三) 因果共犯论③

因果共犯论也是在批判责任共犯论的过程中形成的,由德国学者波曼最早对其加以系统展开。因果共犯论在共犯的处罚根据上是基于共犯通过正犯的行为引起了法益侵害或者该当构成要件的事实,也就是说,共犯和正犯一样,都是侵害或者威胁法益的犯罪类型,共犯因为和正犯一道引起犯罪的结果,因而受到处罚。在因果共犯论内部,由于学者间对如何理解共犯的成立要件上存有分歧,因而,因果共犯论存在着纯粹引起说、修正引起说及折中引起说的理论对立。

纯粹引起说认为,共犯的违法性只和自身的违法性有关,与正犯是否具有违法性无关,该说认为,共犯对正犯进行的教唆或者帮助,实际上就是共犯人自己动手侵害刑法法益,因此,共犯的违法性应从正犯的违法性中独立出来。此说不仅承认没有共犯的正犯,也承认没有正犯的共犯,由此得出,必要共犯是不可罚的。纯粹引起说可以为各自分担实行行为的共同正犯提供处罚依据,但对于必须通过正犯的行为才能对法益造成侵害或威胁的教唆或帮助行为的处罚依据,则无法给予令人满意的说明。在没有正犯行为的情况下(指正犯的行为合法的情况),比如教唆他人实施正当防卫,依照纯粹引起说的逻辑,教唆者也会被作为具体犯罪的教唆犯处理,这显然违背人们的法感情,结论令人难以接受。一般认为,"共犯的违法性,在结局上,只能在有正犯介入法益侵害的情况下才能存在,否则,很难想象其具有独自的违法性"④。

修正引起说的基本观点是,共犯的违法性并不是来自其行为本身,而是因为其通过正犯的实行行为,参与引起了法益侵害的结果,共犯的违法性是由正犯的违法推导而来。这种学说认为共犯的违法性完全取决于正犯是否具备违法性,即不认

---

① 具体参见陈家林:《外国刑法通论》,中国人民公安大学出版社2009年版,第498页。

② 这种理论修正是,当教唆者是被害法益主体时,认为即使正犯的嘱托杀人未遂具有违法性,但教唆者因为居于被害法益主体的地位,因而其教唆行为也不违法。这可以说是采纳了违法相对性的概念。

③ 也称为原因设定说或引起说。

④ 郑泽善:《刑法总论争议问题研究》,北京大学出版社2013年版,第369页。

为共犯具有独立的违法性。依照修正引起说的逻辑,则不仅否认没有正犯的共犯,也否认没有共犯的正犯。有反对意见认为,按照修正引起说的观点,则在正犯行为具有违法性的情况下,认为共犯行为也就具有违法性,这实际上是对违法连带性的过度强调,因此会导致共犯的处罚范围过宽。① 修正引起说反驳道,在反对意见所举之例的场合,即使正犯乙的行为违法,但由于甲同时又是被害人,根据被害人承诺的原理,因而甲的行为并不当然违法。另外,日本的崛内捷三教授的反驳也很有力,他认为,违法的连带性,不是在正犯违法共犯就成立的意义上发挥积极肯定作用的概念,而是在正犯不违法共犯就不成立的意义上发挥其消极否定作用的概念。② 笔者以为,修正引起说在共犯与正犯违法性的关系上强调二者之间的连带性,而否定违法的相对性即正犯违法,共犯也违法,相应的,正犯不违法,则共犯也不违法。就我国的刑法规定的必要共犯来讲,这种学说会导致处罚范围的扩大,比如,在成年人甲教唆成年人乙向自己出售淫秽物品的场合,因为正犯乙的行为违法,则甲的购买淫秽物品的行为也违法,可以根据刑法总则任意共犯的规定对甲进行处罚,但这明显不符合我国刑法规定。再如,丙教唆丁毁灭自己刑事犯罪证据的情形,因为正犯丁的行为违法,则丙的教唆行为也违法,可以根据任意共犯的规定对丙进行处罚,但这显然违背期待可能性原理。③ 因此,笔者不支持修正引起说。

折中引起说也叫混合引起说,是介于纯粹引起说和修正引起说中间的一种学说。折中引起说认为,共犯的处罚根据在于其以教唆或帮助的方式为正犯的法益侵害提供了助益,共犯的违法性,部分来自正犯行为的违法性,部分来自共犯本身行为的违法性。折中引起说认为,一方面部分认可违法的连带性,否定没有正犯的共犯,一方面又部分认可违法的独立性,承认没有共犯的正犯。可见,在折中说看来,正犯的行为违法是共犯行为违法的必要前提,但是,即便是正犯行为违法,共犯行为是否违法,还需要进行独立的判断。一般认为,折中说一方面坚持了从法益侵害说的观点把握共犯处罚根据的基本立场,另一方面又使刑法处罚的范围适中,因

---

① 如乙根据甲的请求,对甲实施杀害行为但未得逞的情形,按照修正引起说,则甲的教唆行为因为正犯乙的行为而连带违法,甲就要受到处罚,但甲既是共犯又处于被害人地位,若对甲进行处罚,结论难以令人接受并且不符合各国现行刑法不处罚同意杀人罪的被害人本人的规定。参见黎宏:《刑法总论问题思考》,中国人民大学出版社2007年版,第510页。

② 参见[日]崛内捷三:《共犯的处罚根据》,载[日]《法学教室》,125号,第53页。转引自黎宏:《刑法总论问题思考》,中国人民大学出版社2007年版,第511页。

③ 黎宏教授认为,从我国刑事立法和刑法学立场看,修正引起说的观点是妥当的。具体论证可参见黎宏:《刑法总论问题思考》,中国人民大学出版社2007年版,第511-515页。

而具有相当的合理性。[①] 笔者以为,探讨共犯的处罚根据,必须从犯罪的本质(法益侵害)入手,因而,共犯的处罚根据在于其通过正犯的行为间接侵害了法益,也就是说,共犯因为其实施的诱使、促进正犯的符合构成要件的法益侵害行为而受罚。在共犯违法性的判断上,应当认为共犯的违法性由来于正犯行为的违法性和共犯自身行为的违法性。所以,"一方面,正犯的行为必须符合客观构成要件、侵犯了法益,否则不能处罚教唆犯、帮助犯。另一方面,正犯行为所侵犯的法益,也是教唆者、帮助者必须保护的法益。如果正犯侵犯的法益,不是教唆者、帮助者必须保护的法益,则只有正犯的行为成立犯罪,教唆者、帮助者的行为不成立犯罪"[②]。如前所述,责任共犯论主张共犯的处罚根据在于其使正犯堕落,陷入罪责与刑罚当中,正犯的行为违法决定了共犯的行为违法,因此,按照责任共犯论,对向犯的参与者应当受到处罚,而这显然和面对向犯的处罚规定相矛盾。违法共犯论主张共犯的处罚根据在于其使正犯实施了符合构成要件的违法行为,共犯的违法来源于正犯的违法,承认违法的绝对连带性。这样一来,在违法共犯论的理论框架下,对片面对向犯的必要参与者进行处罚就是天经地义的事,但这同样不符合片面对向犯的立法规定。由此可见,无论是责任共犯论还是违法共犯论,都存在重大的理论缺陷,都不能为片面对向犯的不可罚问题提供正确的理论说明。相较之下,因果共犯论中的折中说能够为共犯的处罚依据提供合理的说明。根据折中的因果共犯论,由于其部分的肯定违法的相对性,承认没有共犯的正犯,因而刑法对片面对向犯的必要参与者没有设置处罚规定的情形,是完全符合共犯的处罚根据理论的。

承接前述,共犯处罚根据理论中的折中引起说主张,正犯不违法则共犯也绝不违法,正犯违法,共犯是否违法仍需进行个别的判断。具体到片面对向犯的问题,笔者主张,片面对向犯的未设置处罚规定的一方是否应依据刑法总则任意共犯的规定而论以教唆犯或帮助犯,要综合法益侵害、期待可能性、刑法的谦抑性、刑法的体系解释要求多种因素,进行多维度的综合考量。

二、基于法益侵害角度的考量

犯罪的本质是什么,刑法理论上曾经出现过权利侵害说、义务违反说和法益侵害说等多种学说。被称为现代刑法学之父的费尔巴哈在启蒙主义的人权思想基础上极力倡导权利侵害说,权利侵害说将犯罪的本质解释为对权利的侵害,费尔巴哈本人也曾经煞费苦心地去找寻德国刑法每个条文背后所保护的权利。客观地说,将犯罪的本质理解为权利侵害,有利于保障市民的自由,确保刑法的安定性,但

---

① 陈洪兵:《必要共犯若干问题检讨——以共犯的处罚根据为视角》,载《中国矿业大学学报》(社会科学版),2007年第4期,第59—63+79页。
② 张明楷:《刑法学》(第三版),法律出版社2007年版,第336页。

是,权利侵害说无法解释实定法上的所有犯罪,因而逐渐被其他学说取代。基于国家主义的背景下所提出来的义务违反说认为,犯罪的本质不是对法益的侵害,而是对国家、社会共同体的危害,因而,只要行为人的行为违反了对社会共同体的义务,即使其没有侵害法益,也应认为是犯罪。义务违反说由于与人权保障的基本要求相背离,因而受到了很多批判。① 法益侵害说主张,对法益的侵害或者威胁是犯罪的本质。法益侵害说最早是由德国学者毕尔巴模所倡导的一种学说,后来德国的刑法学大师李斯特将这一学说予以继承和发展。李斯特认为,"法益是指法所保护的利益。所有的法益都是生活利益,个人或共同社会的利益。产生这种利益的不是法秩序,而是生活。但法的保护使生活利益提升为法益"②。法益侵害说尽管在二战后遭遇挑战和质疑,但时至今日,多数学者还是主张以法益侵害来解释犯罪的本质问题。

笔者以为,把法益侵害理解为犯罪的本质基本上是妥当的,毕竟,从实定法的规定来看,可以毫不夸张地说,整个刑法就是一部法益保护法。既然犯罪的本质是侵害法益,那么,在单独犯的情况下,因为其实施侵害法益的行为因而具有违法性,同样的,在共同犯罪中若要对参与者作为共犯处罚,也必须因为其实施的行为侵害了法益,因而具有违法性的情况下才可以。具体到刑法规定的片面对向犯,若要对刑法没有设置处罚规定的一方论之以教唆犯或帮助犯加以处罚,则首当其冲的要求就是其所为的行为侵害了法益因而具有刑事违法性。对于行为是否因侵害法益而违法的判断,我们可以反向推论,即只要其所为的行为不属于具备不违法的情形,即可推论其违法。在下面这几种情形下,片面对向犯没有设置处罚一方的行为不具备违法性。

(一)属于构成要件的被保护者

从刑罚法规的保护目的来看,如果对向犯法律未明文规定处罚的一方,是构成要件所要保护的对象,则由于其实际上处于被害人的地位,是被侵害法益的持有者,因而即使其有必要的参与行为,因为该参与行为没有侵害刑法所保护的法益而不具备违法性,所以对其必要的参与行为不可罚。在这种情形下,即使其实施的必要参与行为是积极、执拗的实施,也不具备可罚性。可以日本《禁止未成年人吸烟法》为例进行说明,该法第5条规定,对明知对方是未成年人仍出售香烟者予以处罚。因为购买香烟的未成年人是该法的保护对象,是向未成年人出售香烟行为的被害人,因此,未成年人购买香烟的行为因为缺乏法益侵害的违法,所以不可罚,即使未成年人实施积极的教唆行为也是如此。我国刑法上规定的嫖宿幼女罪也是适例。

---

① 具体的批判意见可参见陈家林:《外国刑法通论》,中国人民公安大学出版社2009年版,第107页。

② 陈家林:《外国刑法通论》,中国人民公安大学出版社2009年版,第106页。

（二）属于构成要件的定型性参与行为

对于法律未明确设置处罚规定的片面对向犯的一方，其实施的是属于该对向犯的定型性参与行为，由于其实施的行为没有超出立法者预想的范围，仅仅是对对向犯的一种最低程度的加工行为，则该行为缺乏可罚的违法性而不受处罚。例如，就我国刑法规定的贩卖淫秽物品牟利罪而言，如果成年人甲向成年人乙购买淫秽物品，甲只是对乙说"卖给我吧"，则由于甲仅仅参与实施的是该对向犯的一种构成要件的定型性参与行为，该行为只是对该对向犯成立的一种最低程度的必要加工行为。根据我国刑法通说的观点，犯罪的本质是严重的社会危害性的观点，则甲的行为没有达到这样的程度要求，因而是不可罚的。但是，如果甲是积极地要求乙向自己出售淫秽物品，则由于甲的行为已经超出了对向犯构成要件的定型性必要参与的程度，也就具备了严重的社会危害性，因而可罚。至于必要参与行为是否超越构成要件定型性的程度的判断标准，笔者以为应由法官站在社会上一般人的角度，审视该行为是否超出一般人能忍受的程度。

三、基于期待可能性的考量

期待可能性，是指根据具体情况有可能期待行为人不实施违法行为而实施其他适法行为①。以1897年3月3日德国帝国法院第四刑事部所作的"癖马案"判决为契机，德国学者弗兰克等一些著名学者开始倡导期待可能性理论。在日本，期待可能性理论也得到了木村龟二、泷川幸辰等著名学者的支持，司法实务上则于1933年11月21日大审院所作的"第5柏岛丸事件"的判决中采用了这一理论。依据期待可能性理论，如果行为人在实施行为之际，不能期待其实施合法行为，则尽管其实施了违法行为，也不能对行为人进行非难。期待可能性理论作为一种阻却责任的事由，和规范责任论之间是一种表里关系。

就片面对向犯来讲，如果法律没有明文设置处罚规定的一方所实施的行为，不能排除违法性，但于行为之际属于没有期待可能性的情况，则也会由于责任阻却而不能对之非难，结局只能为不罚。德国学者奥托1976年在其发表的论文中认为，如果受益人参与实现构成要件，如犯人教唆他人放纵自己脱逃的行为，则受益人的教唆或帮助行为是不可罚的。在奥托看来，这种情况之所以不罚，是因为他认为人都有渴望自由的天性，刑法不能期待他放弃逃脱的机会。就我国《刑法》第400条第1款规定的私放在押人员罪来讲，如果犯人教唆司法工作人员私自放纵自己逃脱的，则由于其不具备期待可能性因而不能作为私放在押人员罪的教唆犯进行处罚。

---

① 参见张明楷：《外国刑法纲要》（第二版），清华大学出版社2007年版，第255页。

四、基于刑法谦抑性的考量

刑法的谦抑性是指"刑法的发动不应以所有的违法行为为对象,刑罚只有在不得已的情况下才能加以适用的原则"。① 实际上,古罗马的法律格言"法律不理会琐碎之事"早已暗含了谦抑性的思想,只不过作为刑法的一项原则,直到近代才被系统化地提出来而已。一般认为,刑法的谦抑性包含这样几个方面的内容:一是刑法的补充性或最后手段性,意指只有当穷尽其他手段尚不能对法益进行充分保护时,才可由刑法以替补性的形式对法益进行保护。从这个意义上而言,刑法具有保障法的性质。二是刑法的片段性或不完整性,意指刑法不是毫无遗漏地处罚所有危害社会的行为,而只是仅仅挑选其中的部分行为予以处罚。三是刑法的宽容性或自由尊重性,意指"即使已经实施了犯罪行为,但在衡量法益保护之后,如果认为不是迫不得已的情况,就应当重视宽容精神而控制处罚"②。

尽管刑法的谦抑性原则在各国刑事立法出现新的动向后,面临着重大的挑战③,但刑法的谦抑性仍应作为一项刑法的基本原则被遵守。我国《刑法》第 13 条的规定,就体现了刑法的谦抑性原则。刑法的谦抑性不仅仅是制约立法和司法的原则,而且在对刑法的解释适用上也应成为一项不得不考虑的原则。在片面对向犯的情形,对于没有明确设置处罚规定的一方能否以共犯进行处罚,也应考虑刑法谦抑性原则的要求。具体来讲,如果没有明确规定处罚对向犯一方的行为能够用其他部门法予以规制的话,就没有必要动用刑罚的方式来处罚。例如,我国《刑法》第 280 条规定的伪造、变造居民身份证罪,那么,对购买人提供了照片、预付资金而购买伪造的居民身份证的行为如何处理? 有人认为,身份证应当由公安机关统一制作,购买者为伪造身份证者提供照片和个人信息资料的行为,属于伪造居民身份证罪的教唆或帮助行为,应作为伪造居民身份证罪的共犯处罚。④ 有人则对这种情况否认犯罪的成立。否定论者认为,我国刑法对于买卖、非法使用他人伪造身份证的行为没有设置处罚规定,依据罪刑法定原则,对这种行为不能以犯罪处理,司法实践中的伪造身份证者一般将制造假证作为自己的职业,购买假身份证者

---

① [日]川端博:《刑法总论讲义》(第 2 版),成文堂 2006 年版,第 54 页。转引自陈家林:《外国刑法通论》,中国人民公安大学出版社 2009 年版,第 91 页。
② [日]川端博:《刑法总论讲义》(第 2 版),成文堂 2006 年版,第 54 页。转引自陈家林:《外国刑法通论》,中国人民公安大学出版社 2009 年版,第 95 页。
③ 具体内容详见陈家林:《外国刑法通论》,中国人民公安大学出版社 2009 年版,第 96-98 页。
④ 参见彭之宇、王志强:《购买假身份证提供个人信息是否构罪》,载《检察日报》,2006 年 12 月 31 日,第 3 版。

并未使伪造者产生原发性的犯罪意图,因而,对购买假证者不能以教唆犯处罚。另外,即使购买者向伪造者提供了身份信息和照片等资料,但这种行为的本质,是"明确"假证内容和规格的行为,而非共同犯罪中的帮助行为,因而也不能作为帮助犯处罚。① 还有否定论者认为,对购买假身份证者予以处罚的话,会与《居民身份证法》的有关处罚规定相冲突,势必会使《居民身份证法》的有关处罚规定成为空文。②

笔者赞同否定成立犯罪的观点,于此可以刑法谦抑性的角度说明购买假身份证者的行为不可罚。尽管购买假身份证的行为也具有一定的社会危害性,但通常来讲,购买假身份证者的购买数量一般情况下较少,这种购买行为的社会危害性还没有达到非动用刑罚不可的程度。③ 事实上,我国《居民身份证法》第17条对于购买伪造居民身份证的行为已有相关处罚规定:"购买、出售、使用伪造、变造的居民身份证的,由公安机关处二百元以上一千元以下罚款,或者处十日以下拘留,有违法所得的,没收违法所得。"对于购买伪造居民身份证的行为,由公安机关作出行政处罚就可以了,没有必要以刑法予以规制,这也符合我国《刑法》第13条"情节显著轻微危害不大的,不认为是犯罪"这一但书的规定。

五、基于刑法体系解释要求的考量

尽管罪刑法定实质的侧面要求刑法具有明确性,但"制定法时常十分含糊,不承认这一事实是愚蠢的"④。因而,面对刑法不明确的规定,我们要善于通过解释的方法使之得以明确。体系解释就是刑法上经常使用的一种解释方法,所谓的体系解释,是指根据所要解释的刑法规定本身的构造,与其他规定的联系以及在刑法中的位置来阐释刑法规定含义的解释方法。⑤ 刑法的体系解释要求,必须根据该刑法规定在整个刑法条文中所处的位置,联系相关法条的含义,对其规范意旨进行阐明。在进行体系解释时,不仅仅要注意与宪法的协调、刑法体系内部的协调,也要注意使刑法规定与其他法律规定相协调。正因为如此,所以德国法学家齐佩利

---

① 参见卢程:《对向犯理论的适用:向制假者购买居民身份证的行为不应定罪》,载《法制与社会》,2010年第5期,第56-58页。
② 参见于志刚、莫开勤、周光权:《对购买假证者且慢认定共犯》,载《检察日报》,2007年7月27日,第3版。
③ 事实上,笔者以为立法者更应关注购买假身份证后的使用行为,这种使用行为的社会危害性要比单纯的购买行为的社会危害性要大。
④ [美]罗伯特·萨默斯:《大师学述:富勒》,马驰译,法律出版社2010年版,第210页。
⑤ 冯军、肖中华:《刑法总论》,中国人民大学出版社2008年版,第35页。

乌斯指出:"对规范的解释应尽可能避免使规范之间出现冲突。"①

　　笔者以为,就片面对向犯的处罚问题,对于刑法没有设置明确处罚规定的一方能否依据总则任意共犯的规定进行处罚,实际上也可以归入刑法解释问题的范畴。也就是说,能否通过刑法解释的方法得出其是否可罚的结论。依据刑法体系解释的要求,协调、没有冲突是其解释的目标,因此,如果认为没有明文规定处罚的对向犯一方应作为教唆犯或帮助犯进行处罚,这时就要经由体系解释的检验,如果经检验后得出了不协调的结论,那么,只能认为对其进行处罚的主张是错误的。仍以上举购买伪造身份证行为为例,司法实践中许多地方的司法机关将购买伪造身份证的行为作为伪造居民身份证罪的共犯处罚,其理由无外乎是,购买者客观上有提供照片、信息等帮助行为,主观上也有伪造居民身份证的共同故意。但这种将购买者作为伪造居民身份证罪的共犯处罚的做法,一方面是过于片面和形式地理解共同犯罪成立条件的结果,另一方面是没有考虑刑法体系解释要求的结果。事实上,将购买者的购买假身份证的行为认定为犯罪的做法会导致刑法条文之间的不协调,因为伪造行为对法益的侵害要远远重于购买性质的行为,如此,刑法才对伪造增值税专用发票罪的法定刑规定的远远高于购买伪造的增值税专用发票罪的法定刑。再比如伪造货币罪与购买假币罪的情形也是如此。由此可以看出,如果刑法处罚某些购买伪造物品的行为,为其规定的法定刑也大大轻于伪造行为的法定性。那么把购买假身份证的行为与伪造假身份证的行为相提并论以共犯处罚的做法,就违背了体系解释的要求,从而造成与其他犯罪的不协调关系。

---

① [德]齐佩利乌斯:《法学方法论》,金振豹译,法律出版社2009年版,第57页。

第六章

对向犯司法适用中的几个疑难问题

第一节 对向犯的中介行为

一、对向犯中介行为的特征和类型

所谓对向犯的中介行为,一般是指在对向犯的双方行为主体间进行的撮合、沟通等行为。我国有学者认为,对向犯的中介行为必须具有这样几个特征:①行为主体是独立于对向犯双方之外的第三方主体;②对向犯的中介行为只可能通过作为的方式实施;③对向犯的中介行为必须对对向犯构成要件的实现起到介绍、联系的作用;④对向犯的中介行为不是对向犯构成要件实现的必要条件。①

至于对向犯中介行为的类型,目前我国有以下两种分类依据。

第一,我国有学者认为,纵观我国刑法对对向犯中介行为处罚设置规定,可以将其分为三种类型:①将中介行为与对向犯双方的行为以同一个罪名处罚。如虚开增值税专用发票罪中包括了为他人虚开、为自己虚开、让他人为自己虚开、介绍他人虚开四种行为,行为人不论实施哪一种行为,都构成同一种犯罪。② ②将对向犯的中介行为规定为独立的犯罪,设置不同于对向犯双方主体行为的刑罚,典型的如我国《刑法》第392条规定的介绍贿赂罪。③对中介行为没有明确设置处罚规定,如我国《刑法》第163条规定了非国家工作人员受贿罪,《刑法》第164条规定

---

① 参见周治成:《对向犯研究》,中国青年政治学院硕士论文,2010年,第21页。
② 笔者以为,介绍他人虚开增值税专用发票的行为,实际上是《刑法》第205条规定的虚开增值税专用发票罪的实行行为的一种,而不是一种独立的中介行为。

了对非国家工作人员行贿罪,但是对于二者之间的中介行为则没有设置处罚规定。①

第二,还有学者主张将对向犯的行为类型分为两类:①对向犯的纯正中介行为,这是把"中介"一词进行限定意义的理解,即必须是第三方主体居间通过自己的行为,与对向犯双方主体都进行联系、沟通,最终促成对向犯构成要件行为的实现的行为。②对向犯的不纯正中介行为,即居间者只和对向犯一方联系的单方介绍行为。②

笔者以为,这两种对对向犯中介行为的分类并不矛盾,第一种分类依据的标准是刑法对中介行为设置的处罚规定的不同,第二种分类依据的标准是中介行为与对向犯双方行为主体间的关系的不同。我们研究对向犯的中介行为的目的是正确的认定其行为性质和定罪量刑,因此,从此意义上考虑,下面笔者参照第一种对中介行为的分类方法,结合对向犯的两种基本类型(行为形式一致的对向犯和行为形式不一致的对向犯)对对向犯的中介行为的处理进行具体的讨论。

二、对向犯中介行为的处罚

(一)行为形式一致且刑法没有明确设置处罚规定的对向犯的中介行为

行为形式一致的对向犯,是指行为主体间行为形式完全一致的对向犯类型,由于行为主体间行为形式相同,因此立法上常常以同一构成要件的形式对其进行规范。这种类型的对向犯的中介行为比较好处理,即对实施对向犯中介行为者以该对向犯的共犯予以定罪处刑。例如,甲充当构成重婚罪的乙、丙的介绍人角色,则对甲论以重婚罪的共犯的罪责,如果甲实施的是教唆行为,则以教唆犯处罚;如果甲实施的是帮助行为,则以帮助犯处罚;如果甲既实施教唆行为又实施帮助行为的,则按照重行为吸收轻行为的原则以教唆犯处罚。

(二)行为形式不一致且刑法没有明确设置处罚规定的对向犯的中介行为

行为形式不一致的对向犯,是指对向犯行为主体间实施的行为形式相异的对向犯类型,对于这种对向犯类型,刑法一般以不同的构成要件对其进行规范。对于行为形式不一致且刑法没有明确设置处罚规定的对向犯的中介行为又可分为两种情形:对向犯双方都构成犯罪的中介行为和片面对向犯的中介行为。

---

① 参见程岩:《必要共犯若干问题研究》,郑州大学硕士论文,2006年,第25页。持相同观点的还有丁琪、刘士心等学者,分别参见丁琪:《对合犯问题研究》,华东政法大学硕士论文,2011年,第43-44页。刘士心:《论刑法中的对合行为》,载《国家检察官学院学报》,2004年第6期,第29-35页。

② 参见周治成:《对向犯研究》,中国青年政治学院硕士论文,2010年,第21-22页。

1. 双方都构成犯罪的中介行为

这种情形下双方行为主体的行为由不同的构成要件予以规范。如果行为人对对向犯的一方行为主体为中介行为的,则对其以该行为主体构成的犯罪定罪处刑。如果行为人同时对对向犯的双方行为主体为中介行为的,有两种观点:一种观点认为应该看中介行为偏向哪一方,以偏重一方的犯罪性质来定罪处刑[1];另一种观点认为,应按照想象竞合犯的原则对其定罪处刑。[2] 笔者赞同第二种观点。如我国《刑法》第163、164 条规定的非国家工作人员受贿罪和对非国家工作人员行贿罪来讲,如果行为人对构成非国家工作人员受贿罪的行为主体或构成对非国家工作人员行贿罪的主体为中介行为的,则分别以非国家工作人员受贿罪的共犯或对非国家工作人员行贿罪的共犯进行定罪处刑;如果行为人同时对双方主体为中介行为的,则依照想象竞合犯的原则从一重处罚。

2. 片面对向犯的中介行为

在片面对向犯的情形,由于刑法只明文规定处罚一方的行为,对另一方的行为则没有设置处罚规定,因此无论是没有明确处罚的一方是否以处罚一方的共犯予以处罚,则实施中介行为者的结局只能是以处罚一方的共犯予以定罪处刑。例如,在贩卖淫秽物品牟利与购买淫秽物品的场合,由于刑法对购买淫秽物品的行为是否可罚没有设置明确的规定,则无论购买淫秽物品的行为人是否构成贩卖淫秽物品牟利罪的共犯,在贩卖者和购买者间的中介行为者只能以贩卖淫秽物品牟利罪的共犯进行定罪处刑。

(三) 法定独立成罪的中介行为

对于行为人为行贿罪和受贿罪的中介行为的,我国《刑法》分则第 392 条为此设立了一个独立的罪名即介绍贿赂罪。但介绍贿赂罪中的中介行为如何认定? 换言之,即如何处理介绍贿赂罪与受贿罪、行贿罪的关系问题。必须审慎地对待这一问题,因为我国刑法对其在法定刑的配置上有天壤之别,行贿罪的法定最高刑是无期徒刑,受贿罪的法定最高刑是死刑,而介绍贿赂罪的法定刑最高仅为三年有期徒刑,而且介绍贿赂人在被追诉前主动交代介绍贿赂行为的,还可以减轻处罚或者免除处罚。

我国刑法理论界就受贿罪、行贿罪的共犯与介绍贿赂罪的关系,一直存有不同的认识,大体可以将其归纳为三种观点:①认为介绍贿赂者的目的不是行贿也不是受贿,而在于帮助在行贿者与受贿者之间建立贿赂关系。介绍贿赂者的行为不是贿赂罪双方任何一方的教唆犯或帮助犯,由于其主观上有介绍贿赂的故意,客观上

---

[1] 参见单民:《贿赂罪研究》,中国政法大学出版社 1993 年版,第 288 页。
[2] 参见张明楷:《受贿罪的共犯》,载《法学研究》,2002 年第 1 期,第 34-51 页。

有介绍贿赂的而行为,因而是一个不同于行贿罪、受贿罪的独立的罪。① ②认为介绍贿赂罪实际上就是行贿罪或受贿罪的帮助犯,行为人要么倾向性地帮助行贿者一方,要么倾向性的帮助受贿者一方,因而介绍贿赂者成立行贿罪或受贿罪的共犯。② ③认为行贿罪、受贿罪的帮助行为是刑法总则规定的非实行行为,而介绍贿赂行为则是刑法分则规定的实行行为,因此介绍贿赂罪与行贿罪、受贿罪的共犯是有本质区别的。③

在承认介绍贿赂罪作为一个独立的犯罪时,如何区分介绍贿赂罪与行贿罪、受贿罪的共犯,一直是个理论上的难题。对此,理论上主要有这样几种观点:①认为应根据行为人主观目的的不同来认定是介绍贿赂行为还是行贿、受贿的帮助犯,即如果行为人的主观目的是为行贿者和受贿者沟通关系,进行撮合的,是介绍贿赂行为,如果行为人的主观上是行贿、受贿的目的,则构成行贿罪、受贿罪的共犯。②认为介绍贿赂行为是一种同时帮助行贿者、受贿者双方的双面帮助犯,而行贿罪、受贿罪的共犯行为则是依附于乙方,纯粹是为一方出谋划策的。③认为帮助行贿者并为了谋取自己的不当利益的,是行贿罪的共犯,帮助受贿并参与分赃且实际分得受贿款物的,是受贿罪的共犯,帮助受贿但没有分赃或者帮助行贿但不是为了谋取自己的不正当利益的,成立介绍贿赂罪。④

笔者以为,以上这几种观点都难以成立。就第一种观点来讲,首先,如何认定行为人的目的本身就是个难题;再者,相同的行为却因目的不同而作不同的定性,也难言妥当。行为人实施的行为对双方都起作用的,其社会危害性应大于对一方起作用的行为,但依照第二种观点,对双方起作用的行为处刑反而轻于对一方起作用的行为,有损刑法的正义性,也为笔者所不采。从犯罪的本质上考虑,犯罪的本质是侵害法益,既然如此,"犯罪人主观上对利益的追求、客观上所获得的利益就不是本质问题,也非重要问题"⑤。所以,第三种观点的区分标准也不科学。

正因为对介绍贿赂罪与行贿罪、受贿罪的共犯的关系有不同的认识,所以针对介绍贿赂罪的地位,刑法学界也大致形成了三种观点:①主张取消介绍贿赂罪的规定,因为对于介绍贿赂的行为可以按照刑法总则共同犯罪的规定,以行贿罪或受贿罪的共犯来定罪处刑,因而介绍贿赂罪没有单独设置成罪的必要。⑥ ②主张保留

---

① 参见陈正云、文盛堂:《贪污贿赂犯罪认定与侦查实务》,中国检察出版社2002年版,第119-120页。

② 参见朱铁军:《介绍贿赂罪与行贿、受贿共犯界限之分析——由浙江腐败"名托"被判刑所引发的思考》,载《中国刑事法杂志》,2003年第1期,第41-44页。

③ 参见王作富:《刑法分则实务研究》(第三版),中国方正出版社2007年版,第1851页。同样的观点还可参见单民:《贿赂罪研究》,中国政法大学出版社1993年版,第288页。

④ 参见赵秉志:《刑法学各论研究述评》,北京师范大学出版社2009年版,第679页。

⑤ 张明楷:《刑法分则解释原理》(上),中国人民大学出版社2011年版,第333页。

⑥ 参见王作富、韩耀元:《论贿赂犯罪的刑法完善》,载《检察理论研究》,1997年第1期,第11页。

介绍贿赂罪,因为尽管其需要依存于行贿罪或受贿罪,但并不因此而丧失个性或存在根据。① ③有学者认为介绍贿赂罪应予保留,但要对介绍贿赂罪的行为进行限制性认定,介绍贿赂罪的介绍行为不同于行贿罪、受贿罪的帮助行为,所谓"向国家工作人员介绍贿赂",是指行为人明知某人欲通过行贿谋求国家工作人员的职务行为,而向国家工作人员提供信息。② 还有学者主张介绍贿赂罪仍应作为一个独立的犯罪而存在,但应把其限定于行贿、受贿双方都不构成犯罪的场合,否则,介绍贿赂的行为应成立行贿罪、受贿罪的共犯。③ 刘士心教授也主张以这样的方法来区分介绍贿赂罪与行贿罪、受贿罪的共犯:在行贿者、受贿者至少一方构成犯罪的情形,以行贿罪或受贿罪的共犯处罚,在行贿者、受贿者双方都不构成犯罪的情形,以介绍贿赂罪对行为人进行处罚。④

现行刑法把介绍贿赂罪予以单独规定的立法体制下,认为介绍贿赂罪实际上就是行贿罪或受贿罪的帮助犯的观点是站不住脚的。至于有学者主张的介绍贿赂行为是刑法分则规定的实行行为,贿赂行为的帮助行为是刑法总则规定的非实行行为,因而介绍贿赂罪与行贿罪、受贿罪的共犯的存在本质区别的观点,笔者不能完全赞成。诚然,刑法理论一般认为,刑法分则所规定的行为为犯罪的实行行为,但根据我国刑法总则的规定,教唆行为与帮助行为也成立犯罪。实际上,无论是实行行为、教唆行为或帮助行为,都具有相对性,换言之,此罪的实行行为可能是彼罪的教唆行为或帮助行为,反之亦然。例如提供虚假证明文件的行为于提供虚假证明文件罪而言是实行行为,但在行为人明知他人实施保险诈骗而为此行为的,则只能是保险诈骗罪的帮助行为。因此,单纯地认为"介绍贿赂行为是刑法分则规定的实行行为,贿赂行为的帮助行为是刑法总则规定的非实行行为,因而介绍贿赂罪与行贿罪、受贿罪的共犯的存在本质区别",显然不能够正确地界分介绍贿赂行为与行贿罪、受贿罪的帮助行为。⑤

笔者认为,要区别介绍贿赂罪与行贿罪、受贿罪的共犯,关键是要正确地界定

---

① 刘光显、周荣生:《贿赂罪的理论与实践》,人民法院出版社1993年版,第412页。同样的观点还可参见王礼仁:《我国贿赂犯罪的立法现状与完善》,载《法学评论》,1997年第1期,第38-42页。刘生荣、张相军、许道敏:《贪污贿赂罪》,中国人民公安大学出版社2003年版,第217页。
② 参见张明楷:《刑法分则解释原理》(上),中国人民大学出版社2011年版,第330-336页。
③ 参见丁琪:《对合犯问题研究》,华东政法大学硕士论文,2011年,第46-47页。
④ 参见刘士心:《论刑法中的对合行为》,载《国家检察官学院学报》,2004年第6期,第29-35页。
⑤ 刑法理论通常认为,教唆行贿或受贿的行为,应分别以行贿罪或受贿罪论处,不会与介绍贿赂罪发生混淆。参见张明楷:《刑法分则解释原理》(上),中国人民大学出版社2011年版,第330页。高铭暄:《刑法学》,法律出版社1984年版,第569页。

介绍贿赂罪的介绍行为。我国刑法理论通说认为:"介绍贿赂通常表现为以下两种形式①:其一,受行贿人之托,为其物色行为对象,疏通行贿渠道,引荐受贿人,转达行贿的信息,为行贿人转交贿赂物,向受贿人传达行贿人的要求。其二,按照受贿人的意图,为其寻找索贿对象,转告索贿人的要求等。"②依照通说的观点,介绍贿赂罪的两种行为形式属于行贿罪和受贿罪的帮助行为,行为人主观上也认识到自己是在帮助行贿人或受贿人实施贿赂行为,从共犯原理上看,完全符合行贿罪、受贿罪的共同犯罪的成立条件。由此可见,其所列举的两种行为都属于行贿的帮助行为或受贿的帮助行为,理应作为行贿罪或受贿罪的共犯处理。从我国的司法实践来看,对于对向犯的中介居间行为一贯被认定为共犯。例如,行为人"居间介绍买卖毒品的,无论是否获利,均以贩卖毒品罪的共犯论处"③;再如,"介绍买卖枪支、弹药、爆炸物的,以买卖枪支、弹药、爆炸物的共犯论处"。我国《刑法》通说对介绍贿赂罪客观方面的行为的分析是欠妥的,通说的观点无法正确地界分介绍贿赂罪客观方面的介绍行为与行贿罪、受贿罪的帮助行为。

张明楷教授认为,行贿罪与受贿罪的帮助行为,不应当独立成为介绍贿赂罪,他把介绍贿赂的行为仅仅限定为"行为人明知某人欲通过行贿谋求国家工作人员的职务行为,而向国家工作人员提供信息"。在笔者看来,这种对介绍贿赂的行为进行限定解释的方向是正确的,但是张明楷教授所限定的这种介绍贿赂罪的行为,从实质上讲仍然是一种行贿罪、受贿罪的帮助行为④,甚至是一种教唆行为⑤,这样仍然无法区分介绍贿赂罪的介绍行为与行贿罪、受贿罪的帮助行为。至于有的学者主张把介绍贿赂罪的介绍行为应限定为"行贿、受贿双方都不构成犯罪的场合"的观点,笔者以为有相当的合理性。

经过以上的分析可知,实务中是无法界分介绍贿赂罪的中介行为与行贿罪、受贿罪的共犯帮助行为的。这些中介行为从性质上讲应该是一种帮助行为,根据前

---

① 赵秉志教授主编的《新刑法教程》与黎宏教授独著的《刑法学》,持和通说基本相同的观点,分别参见赵秉志:《刑法新教程》,中国人民大学出版社2001年版,第845页。黎宏:《刑法学》,法律出版社2012年版,第968页。另有学者认为,介绍贿赂罪的行为主要有三种形式:一是为受贿人介绍索取财物的对象,二是为行贿人介绍行贿对象,三是既为受贿人又为行贿人介绍。参见刘宪权:《刑法学》,上海人民出版社,2005年版第852页。

② 高铭暄:《新编中国刑法学》(上册),中国人民大学出版社1998年版,第996页。

③ 最高人民法院1994年12月20日《关于适用全国人民代表大会常务委员会关于禁毒的决定的若干问题的解释》。

④ 对行贿人来讲是一种片面帮助,对受贿人来讲是一种双面帮助。

⑤ 如有学者指出,"行为人明知某人想通过行贿来谋求国家工作人员职务行为的帮助而向国家工作人员提供了该信息,如果该国家工作人员本无犯罪意图,而经行为人的信息提供与帮助后产生了受贿的意图,那行为人的行为显然已经符合受贿罪的教唆犯的构成要件,而不应单独定罪"。参见丁琪:《对合犯问题研究》,华东政法大学硕士学位论文,2011年,第46页。

述的共犯处罚根据,在正犯不具有违法性的情况下,共犯当然也谈不上违法,对行贿者、受贿者的中介行为应该不予定罪处罚。但是,立法者考虑到修订刑法时我国严峻的贪污贿赂形势,为突出介绍贿赂行为也应予以打击,所以把介绍贿赂的行为规定为一个独立的犯罪。前已述及,实行行为和帮助行为都具有相对性,完全可以把一个罪的帮助行为规定为另一个罪的实行行为,如我国《刑法》分则规定的协助组织卖淫罪就是适例,立法者把组织卖淫罪的帮助行为独立出来,规定为协助组织卖淫罪的实行行为。① 考虑到尽管行贿者、受贿者不构成犯罪,但介绍贿赂的行为也应由刑法规制这一点,因此,把本来是帮助性质的中介行为规定为单独的介绍贿赂罪具有妥适性。另外,从犯罪预防的角度考虑,因为作为对向犯的行贿行为、受贿行为一般都是在很隐秘的状态下进行的,外人很难以介入其中,司法实践中介绍贿赂的行为是一种非常态的行为,因而不用设置过重的法定刑,所以本罪设置的法定性最高为三年有期徒刑。

第二节 对向犯的自首与立功

一、对向犯自首的认定

"根据我国《刑法》第67条的规定,自首是指犯罪以后自动投案,如实供述自己罪行的行为。被采取强制措施的犯罪嫌疑人、被告人和正在服刑的罪犯,如实供述司法机关还未掌握的本人其他罪行的,以自首论。"② 现在一般认为,自首的本质特征在于,犯罪人犯罪后自己把自己交付国家追诉。③ 成立自首有个重要的条件就是如实地供述自己的罪行。一般来讲,在单独犯中,是否如实供述自己的罪行的认定比较简单,但是在共同犯罪的情况下的情形就显得比较复杂了。《最高人民法院关于处理自首和立功具体应用法律若干问题的解释》明确规定,共同犯罪案件中的犯罪嫌疑人,除如实供述自己的罪行,还应当供述所知的同案犯,主犯则应当供述所知其他同案的共同犯罪事实,才能认定为自首。对向犯由于其特殊的行为结构,认定对向犯的自首则显得更为复杂。下面笔者就我国刑法明确规定的三种对向犯类型(同罪同刑的对向犯、异罪异刑的对向犯、片面对向犯)的自首问题进行具体的讨论。

---

① 立法者之所以如此规定,张明楷教授的解释是,立法者为了重处协助组织卖淫的行为。参见张明楷:《刑法分则解释原理》(上),中国人民大学出版社2011年版,第332页。
② 马克昌:《刑法学》,高等教育出版社2003年版,第269页。
③ 参见赵秉志:《刑法学总论研究述评》,北京师范大学出版社2009年版,第594页。

(一)同罪同刑对向犯的自首

同罪同刑的对向犯是指对向犯双方行为主体的罪名与法定刑都相同的对向犯类型,这种类型的对向犯的自首又可分为两种情形,下面分述之。

1.行为形式一致的情形

诸如赌博罪等行为形式一致的对向犯,由于双方行为主体互相配合,都实施相同的构成要件行为,因此在双方都构成犯罪的情况下,各行为主体间符合我国刑法规定的共同犯罪成立条件而构成共同犯罪。一方行为主体要构成自首,则依据《最高人民法院关于处理自首和立功具体应用法律若干问题的解释》的规定,除了要如实供述自己的罪行外,还要如实供述对方行为主体的犯罪事实。因为行为主体间的行为已经结为一体,只有把单个行为主体的行为置于整个共同犯罪中评价,才能了解整个犯罪的全貌,才能为司法机关的追诉提供现实可行的条件。① 需要注意的是,根据我国刑法规定,在行为形式一致的对向犯类型中,有的一方行为主体并不构成犯罪,典型的如相婚者在不知道对方已经结婚的情况下而与之结婚的,则不知情的相婚者并不构成重婚罪。② 在这种情况下,由于相婚者并不构成犯罪,自然也就无从谈起自首的问题,对于构成犯罪的一方,则只要如实供述自己的罪行就应认定为自首。

2.行为形式不一致的情形

在诸如非法买卖枪支等行为主体所为行为形式不一致的对向犯类型,因为双方行为主体的行为互相补充、互相配合形成犯罪的整体,主观上又有犯意的联络,因此,构成我国刑法上的共同犯罪。既然构成共同犯罪,则对向犯行为主体的任何一方要成立自首,不仅要如实供述自己的罪行,还要如实供述对方行为主体的罪行。

(二)异罪异刑对向犯的自首

异罪异刑的对向犯是指行为主体构成不同罪名并且法定刑也不相同的对向犯类型。对于这种对向犯的自首,有学者认为因为对向犯双方触犯的罪名不同,他们不构成我国刑法上的共同犯罪,因而不适用共同犯罪自首的处理原则。也有学者认为,要看到这一类犯罪所具有的特殊性,尽管不是我国刑法意义上的共同犯罪,但是这种对向犯由于双方行为相互关联、相互配合,已经成为一个整体,不能分开观察一方行为主体的行为,要把一方行为主体的行为放在双方的共同行为中来考察,才能正确地评价其性质。因此,一方行为主体要成立自首,不但要如实供述自己的罪行,还要如实供述自己所知的对方行为主体所为的犯罪行为。例如,在行

---

① 参见陈家林:《对向犯的自首问题研究》,《中国刑法学年会文集(2005年度)》(第一卷),公安大学出版社2005年版,第66页。

② 这种情况下仍然成立对向犯,因为在形成结构上符合对向犯成立条件的,并不意味着双方行为主体都构成犯罪,是否成罪,仍然要就各行为主体进行个别构成要件的论罪判断。

贿与受贿最终,在双方都成立犯罪时,受贿方要认定为自首,则受贿者除了如实供述自己受贿的犯罪事实以外,还要如实供述行贿者的行贿事实。也就是说,尽管在异罪异刑的对向犯类型,双方行为主体间不成立共同犯罪,但应当适用共同犯罪自首的规定。① 笔者赞同其对这种类型的对向犯行为间相互关系的分析,但认为没有必要适用共同犯罪自首的规定。事实上,完全可以把一方行为主体交代的对方行为主体的犯罪事实看作是自己所为犯罪行为的组成部分或延伸,从而认定为自首,毕竟双方主体的行为相互配合、密不可分才构成对向犯罪行为的整体。

(三)片面对向犯的自首

片面对向犯是指尽管预想到了对方的行为,但刑法只对一方设置处罚规定,而对另一方没有明文规定处罚的对向犯类型。由于没有明确设置处罚规定的一方行为主体存在构成与不构成明确处罚一方的共犯两种情形,因而,对片面对向犯的自首也分两种情形来讨论。其一,在没有明确处罚一方不构成犯罪的情形下,构成犯罪的一方行为主体要成立自首,只需要按照单独犯自首的规定如实供述自己的犯罪行为即可。其二,在没有明确处罚的一方行为主体构成刑法总则规定的共犯时,则任何一方行为主体要成立自首,要按照共同犯罪的自首规则来认定,即不仅仅需要如实供述自己的罪行,还必须如实供述自己所知的同案犯,主犯还需要供述所知的其他同案犯的共同犯罪事实。

二、对向犯立功的认定

按照我国《刑法》第58条及相关司法解释的规定,所谓立功,是指犯罪人在犯罪后揭发他人犯罪行为,经查证属实,或者提供有关犯罪的重要线索,从而得以侦破其他案件,或者犯罪人实施的其他对国家和社会有突出贡献的行为。一般认为,刑法设置立功这种量刑制度主要基于两点考虑:一是既然犯罪人犯罪后有立功表现,就说明行为人再犯可能性小,人身危险性减弱。二是犯罪人的立功行为,有利于司法机关发现犯罪,侦破其他犯罪案件,有效地节约司法资源。对向犯由于其特殊的行为结构,决定了对向犯的立功认定也稍显复杂,在这里主要讨论揭发他人犯罪行为的立功问题。

对于同罪同刑类型的对向犯而言,①行为主体间的行为形式一致,如重婚罪,在双方行为主体都构成犯罪时,行为主体间形成共同犯罪关系,一方行为主体必须揭发同案犯共同犯罪以为的其他犯罪并经查证属实,才能成立立功。② ②主

---

① 参见丁琪:《对合犯问题研究》,华东政法大学硕士论文,2011年,第40页。
② 依据是《最高人民法院关于处理自首和立功具体应用法律若干问题的解释》第5条的规定。

体行为形式一致,但一方行为主体不构成犯罪,则构成犯罪一方是否构成立功,取决于其揭发的是否对向犯行为主体之外的其他人的犯罪事实并经查证属实。③主体行为形式不一致的对向犯情形,由于双方行为主体构成共同犯罪,因此,一方行为主体必须揭发同案犯共同犯罪以为的其他犯罪并经查证属实方可成立。

在异罪异刑的对向犯类型,行为主体间尽管不构成共同犯罪,但由其特殊的行为结构所决定,对立功的具体认定也存有一定的特殊之处。其中有争议的问题是,如甲向乙行贿,甲在被调查期间,检举揭发自己向乙行贿和乙收受自己提供的贿赂的能否认定为立功?对此,各地司法机关的做法不一,理论上也有不同看法。持否定论的学者认为,对向犯的双方行为主体都是单独实施自己符合构成要件的行为,双方尽管罪名不同,但任何一方行为主体行为的完成都以对应之罪的完成为条件,二者相互依存,缺一不可,司法实务上也常把对向犯进行合并审理,因而,乙方主体的行为可以看作是另一方行为的一部分而存在,所以对向犯的一方供述对方的犯罪行为不符合立功前提中的非义务性特征。① 还有学者认为,"属于自首或坦白范围内的行为,不能认定为立功,反之,则有可能构成立功。例如,甲向国家工作人员乙行贿后,主动投案,向司法机关交代了自己向乙行贿和乙收受甲提供的贿赂的事实的,不能认定甲检举、揭发了乙的犯罪行为"②。持肯定论的学者则指出,立法上既然对某些对向犯采取了单独犯的形式,这就说明它不应是刑法上的共同犯罪,因而,类似于行贿人揭发检举受贿人收受贿赂犯罪行为的,只要符合立功的条件就应认定为立功行为。③

笔者认为,这种情形能否认定为成立立功,关键是要看对对向犯的自首的认定。如前所述,由对向犯特殊的行为结构决定,甲的行为性质应当认定为是自首,因为行贿人甲不仅要交代自己的行贿事实,还要交代自己向谁行贿的事实,才能认定为如实供述了自己的罪行,从这个角度考虑的话,甲的而行为没有超出自首的范围,因此不应认定为立功。对此,有学者认为这种情况下甲的行为既构成自首又构成立功,该学者主要基于三点理由得出这一结论:①从法律规定的立功条件看,符合自首并立功的条件。②从刑罚处罚规定看,行贿人在被追诉前主动交代行贿行为的,可以减轻或者免除处罚,但是无法解决行贿人在被追诉后主动交代行贿行为的从宽处理问题,需要通过自首、立功制度来解决这一问题。③从贿赂犯罪的

---

① 参见赵志华:《立功制度的法律适用》,载《国家检察官学院学报》,2003年第4期,第5—10页。

② 张明楷:《刑法学》(第三版),法律出版社2007年版,第451页。

③ 参见高铭暄、彭凤莲:《论立功的成立条件》,载《北京师范大学学报》(社会科学版),2006年第5期,第123—129页。

特殊性和司法实践中查处该犯罪的难度看,对其认定为自首并立功,有利于受贿案件的查处。① 还有学者提出,对向犯的犯罪分子所为的罪行具有相互牵连、密不可分的特性,犯罪分子交代自己罪行的时候必然牵扯行贿受贿的对象,这样的行为,兼具自首和立功的性质。因此,该学者主张,在从宽处罚时,要同时考虑自首和立功的双重因素。② 笔者以为把一个行为既评价为自首又评价为立功,这显然是违背刑法上的禁止双重评价原则的,该原则不仅仅在认定犯罪事实的性质时适用,在量刑时同样适用。值得注意的是,最高人民法院公布的(2001)第50号案例"李立虚开增值税专用发票案"③也持否定说的立场。该案的判决明确指出:"被告人李立在归案后检举他人受贿的事实虽然存在,但系自己的行贿行为,依法不构成立功。"④

第三节 对向犯的罪名问题

一、对向犯罪名同一化的论争

就对向犯的对向双方是否应论以同一罪名,刑法理论上存在两种截然不同的观点。

一种观点认为,"既然对合犯属于共同犯罪,它们有着相似的犯罪构成,那么对合犯的立法形式就应当受共同犯罪的立法形式所制约,在犯罪性质上以一罪予以认定。这样只要通过对原有法律条文的补充修改,将购买人口罪与拐卖人口罪合并规定为买卖人口罪,购买赃物罪与销售赃物罪合并规定为买卖赃物罪,如此等等即可。如果将对合犯以分条形式视为独立犯罪予以规定,势必导致将这种本质完全相同,且属于必要共同犯罪形式的犯罪看成是两个互不关联,互相孤立的犯罪,这反而抹杀它们之间互相依存、互为作用的本质特征"⑤。与此相对。

另一种观点则主张,"就立法现状来看,我国刑法对对合性犯罪的罪名规定存在着不一致的情况,有的是按必要共同犯罪以一罪定罪,如重婚罪、非法买卖枪支、

---

① 参见高一飞、李一凡:《行贿人揭发对合的受贿犯罪应认定为:自首并立功》,载《检察日报》,2007年4月9日,第3版。
② 参见张杰:《对合犯中的自首与立功问题研究》,载《天津检察》,2007年第2期,第23—24页。
③ 该案的具体案情是:被告人李立为谋取非法利益,于1997年1月至1998年10月,分别以汕头市升平区金春瑞物资公司等7家企业的名义,为汕头市升平区万安包装印刷厂等57家企业虚开增值税专用发票共236份,虚开税额27 372 998.56元,并从中收取了开票费。李立因涉嫌虚开增值税专用发票罪被捕,其归案后向司法机关供述了其向他人行贿的事实。
④ 参见马国旭:《对合犯问题研究》,辽宁大学硕士论文,2011年,第21页。
⑤ 杨新培:《试论对合犯》,载《法律科学》,1992年第1期,第48—50页。

弹药、爆炸物罪，而有的却是规定了不同的罪名，如行贿罪与受贿罪、拐卖妇女儿童罪与收买被拐卖的妇女儿童罪，等等。在两种立法方式并存的情况下，也的确容易使人产生不同的罪名就不构成共同犯罪的错觉。但是就以一罪论处与分条以不同罪名论处相比较，笔者更倾向于后者"[①]。该论者主要基于两点理由对罪名同一化予以驳斥的：其一，对合犯并不一定具有较为相似的犯罪构成，对合犯在故意的具体内容、主体的条件、行为特征上往往存在一些较大的差别，因而，如果对对合犯论以一罪，则不利于从罪名上区分犯罪的严重程度，从而在实质上抹杀了对合性行为之间的差别。其二，该论者从对合犯不一定是必要共犯的角度出发，认为将非必要共犯的犯罪以一罪论处，规定同一罪名是不合理的。该论者还认为，即使采取部分犯罪共同说的观点，共同犯罪也仅仅是在同一罪名而不是不同罪名的情况下成立，因而将具有对合性的行为以不同的罪名予以处理是合理的。[②]

二、笔者的观点

就对向犯的对向双方是否应论以同一罪名，笔者原则上赞同否定说的观点，但笔者以为否定说的理由并不充分，并且其论证的理论前提也存有相当的谬误，以下笔者将首先澄清几个理论前提问题，然后提出自己对这一问题的主张。

（一）几个理论前提的说明

第一，对向犯的行为主体是否都构成犯罪的问题。如前所述，我国刑法理论上有学者对对向犯的内涵采用最狭义的立场，把对向犯的成立限于必要的共同犯罪内，并且认为只有双方行为主体共犯一罪才能成立对向犯。笔者以为，这种对向犯概念使对向犯的成立范围过于狭窄，只能使对向犯的研究价值大打折扣，不利于对向犯理论研究的深化。事实上，笔者不赞同我国刑法理论把必要共犯都涵摄于我国刑法总则规定的共同犯罪的做法，认为必要共犯的参与者双方都构成犯罪，笔者主张从德、日刑法理论上的最广义共犯的角度来理解必要共犯，把必要共犯看作是一种功能性的、技术性的概念，它仅仅是一种前犯罪意义上的概念。作为必要共犯的一种子类型——对向犯，无论是行为形式一致还是行为形式不一致的类型，也是一种犯罪意义上的概念，成立对向犯并不要求行为主体双方都成立犯罪。换言之，对向犯是置于最广义的共犯研究视野下的一个概念，而我国刑法规定的共同犯罪是指二人以上共同故意犯罪，行为主体都构成犯罪，对向犯的参与主体不一定都成立犯罪。

第二，罪名与犯罪构成的关系问题。我国刑法理论一般认为，犯罪构成是我国刑法规定的，决定某一具体行为的社会危害性及其程度，而为该行为构成犯罪所必

[①②] 参见张磊：《对合犯论要》，吉林大学硕士论文，2004年，第38—39页。

须具备的一切客观要件和主观要件的有机统一整体。① 按照我国的犯罪构成理论,行为符合刑法分则规定的犯罪构成才构成犯罪,共同犯罪中的各个犯罪人实施的行为都必须充足某一分则规定的犯罪构成。现在我国刑法理论就共同犯罪的本质,基本上采纳了"部分犯罪共同说"的观点,即二人以上虽然共同实施了不同的犯罪,但当这些不同的犯罪之间具有重合的性质时,则在重合的限度内成立共同犯罪。例如,甲以杀人的故意、乙以伤害的故意共同加害于丙时,在故意伤害罪的范围内成立共同犯罪。② 显然,即使依照部分犯罪共同说的观点,共同犯罪的各个共犯人的行为也是因为符合不同的犯罪构成而论之以不同的罪名,只不过是在构成要件重合的范围内成立共同犯罪而已。

罪名,就是犯罪的名称,是对具体犯罪的本质特征或者主要特征的高度概括。罪名一般具有概括、区分、评价、威慑的功能。③ 罪名的区分功能最值得重视,因为,"通过罪名所传递的信息,人们可以大致地区分罪与非罪、此罪与彼罪的界限"④。一般来讲,行为符合相同的犯罪构成的只能确定为相同的罪名,行为符合不同的犯罪构成的,则构成不同的罪名。依循此原理,只要参与犯罪的行为主体实施的行为在构成要件的类型上存在这样那样的差别,因而予以不同的罪名进行规制就是正当的。

(二)结论

通过以上的分析,笔者认为对于对向犯予以同一罪名的观点是站不住脚的。主张该观点的学者认为,对向犯的行为为主体实施的行为具有相似的犯罪构成,因而应予以同一罪名。实际上,对向犯具有行为形式一致和行为形式不一致两种。对于行为形式一致的对向犯类型,比如赌博罪、重婚罪,对于都构成犯罪的参与主体来讲,由于他们行为的社会危害性相同,行为符合同样的犯罪构成,自然对他们都应论以相同的罪名;而对于行为形式不一致的对向犯类型,在对向犯的行为主体都构成犯罪的情况下,由于他们主观目的、行为方式、主体的身份、社会危害性等方面的差异,从而导致其符合刑法分则符合不同的犯罪构成,既然符合不同的犯罪构成,就应当对他们予以不同的规范评价,论以不同的罪名。我们绝对不能不顾犯罪构成方面的本质差异而对他们论以相同的罪名,否则,一方面,会有违正义的要求和人们的法感情,典型的如拐卖妇女儿童的行为和收买被拐卖妇女儿童的行为,其在行为方式上以及社会危害性上显然有巨大的差别,若对其论以相同罪名,恐怕不会被人接受。另一方面,对对向犯的行为主体无差别的论以同一罪名,会抹杀罪名高度概括犯罪构成的功能。因此,对向犯罪名同一化不具有内在的合理性,应根据对向犯行为主体实施的是否相同的犯罪构成行为而论以相同或不同的罪名。

---

① 马克昌:《刑法学》,高等教育出版社2003年版,第39页。
② 张明楷:《刑法学》(第三版),法律出版社2007年版,第319页。
③ 马克昌:《刑法学》,高等教育出版社2003年版,第326—327页。
④ 赵秉志:《新刑法教程》,中国人民大学出版社1997年版,第412页。

参考文献

一、著作

[1] 马克昌. 刑法学[M]. 北京:高等教育出版社,2003.
[2] 马克昌. 比较刑法原理[M]. 武汉:武汉大学出版社,2002.
[3] 高铭暄,马克昌. 刑法学[M]. 北京:北京大学出版社、高等教育出版社,2007.
[4] 马克昌. 犯罪通论[M]. 武汉:武汉大学出版社,2006.
[5] 马克昌. 外国刑法学总论(大陆法系)[M]. 中国人民大学出版社,2009.
[6] 吴振兴. 犯罪形态研究精要Ⅱ[M]. 北京:法律出版社,2005.
[7] 张明楷. 刑法学[M]. 3版. 北京:法律出版社,2007.
[8] 张明楷. 刑法学[M]. 3版. 北京:法律出版社,2012.
[9] 张明楷. 外国刑法纲要[M]. 北京:清华大学出版社,1999.
[10] 张明楷. 外国刑法纲要[M]. 2版. 北京:清华大学出版社,2007.
[11] 张明楷. 刑法分则解释原理(上)[M]. 北京:中国人民大学出版社,2011.
[12] 陈兴良. 刑法适用总论[M]. 北京:法律出版社,1999.
[13] 陈兴良. 共同犯罪论[M]. 北京:中国人民大学出版社,2006.
[14] 何秉松. 犯罪构成系统论[M]. 北京:中国法制出版社,1995.
[15] 曲新久. 刑法学[M]. 2版. 北京:中国政法大学出版社,2009.
[16] 黎宏. 刑法学[M]. 北京:法律出版社,2012.
[17] 陈家林. 共同正犯研究[M]. 武汉:武汉大学出版社,2004.
[18] 孙国祥. 刑法基本问题[M]. 北京:法律出版社,2007.
[19] 梁根林. 刑法方法论[M]. 北京:北京大学出版社,2006.
[20] 陈家林. 外国刑法通论[M]. 北京:中国人民公安大学出版社,2009.
[21] 赵秉志. 新刑法教程[M]. 北京:中国人民大学出版社,1997.
[22] 高铭暄. 刑法专论(上编)[M]. 北京:高等教育出版社,2002.
[23] 李龙. 西方法学名著提要[M]. 南昌:江西人民出版社,1999.
[24] 梁根林. 刑法方法论[M]. 北京:北京大学出版社,2006.
[25] 黄荣坚. 基础刑法学(下)[M]. 北京:中国人民大学出版社,2009.
[26] 甘添贵. 刑法案例解析[M]. 台北:瑞兴图书股份有限公司,1999.
[27] 韩忠谟. 刑法原理[M]. 北京:中国政法大学出版社,2002.
[28] 黄荣坚. 基础刑法学(上)[M]. 北京:中国人民大学出版社,2009.

[29]柯耀程.刑法总论释义 修正法篇[M].台北:元照出版有限公司,2006.
[30]林山田.刑法通论)[M].北京:北京大学出版社,2012.
[31]陈朴生.刑法专题研究[M].台北:三民书局,1988.
[32]阮齐林.刑法学[M].3版.北京:中国政法大学出版社,2011.
[33]蔡墩铭.刑法总论[M].台北:三民书局,2001.
[34]林东茂.刑法综览[M].北京:中国人民大学出版社,2008.
[35]柯耀程.刑法的思与辩[M].北京:中国人民大学出版社,2008.
[36]甘添贵.刑法总论讲义[M].台北:瑞兴图书出版公司,1992.
[37]周光权.刑法总论[M].北京:中国人民大学出版社,2007.
[38]马克昌,莫洪宪.中日共同犯罪比较研究[M].武汉:武汉大学出版社,2003.
[39]陈子平.刑法总论[M].北京:中国人民大学出版社,2009.
[40]陈子平.共同正犯与共犯论[M].台北:五南图书出版公司,2011.
[41]黄村力.刑法总则比较研究[M].台北:三民书局,2002.
[42]齐文远.刑法学[M].北京:北京大学出版社,2011.
[43]高铭暄.新编中国刑法学(上册)[M].北京:中国人民大学出版社,1998.
[44]林钰雄.新刑法总则[M].北京:中国人民大学出版社,2009.
[45]赵秉志.犯罪总论问题探索[M].北京:法律出版社,2003.
[46]张文显.法哲学范畴研究[M].北京:中国政法大学出版社,2001.
[47]余振华.刑法总论(下)[M].台北:三民书局出版社,2011.
[48]刘宪权.刑法学[M].上海:上海人民出版社,2005.
[49]高铭暄.刑法专论(上)[M].北京:高等教育出版社,2002.
[50]张明楷.法益初论[M].北京:中国政法大学出版社,2000.
[51]王利明,崔建远.合同法新论·总则(修订版)[M].北京:中国政法大学出版社,2000.
[52]张绍谦.刑法因果关系研究[M].北京:中国检察出版社,1998.
[53]何鹏.现代日本刑法专题研究[M].吉林:吉林大学出版社,1994.
[54]柯耀程.变动中的刑法思想[M].台北:元照出版有限公司,2001.
[55]邹江江,杨阳.刑法求索[M].武汉:华中科技大学出版社,2011.
[56]郑泽善.刑法总论争议问题研究[M].北京:北京大学出版社,2013.
[57]吴振兴.罪数形态论[M].北京:中国检察出版社,1996.
[58]刘艳红.刑法学总论[M].2版.北京:北京大学出版社,2006.
[59]黎宏.刑法总论问题思考[M].北京:中国人民大学出版社,2007.
[60]冯军,肖中华.刑法总论[M].北京:中国人民大学出版社,2008.
[61]单民.贿赂罪研究[M].北京:中国政法大学出版社,1993.
[62]王作富.刑法分则实务研究[M].3版.北京:中国方正出版社,2007.

[63]陈正云,文盛堂.贪污贿赂犯罪认定与侦查实务[M].北京:中国检察出版社,2002.

[64]赵秉志.刑法学总论研究述评[M].北京:北京师范大学出版社,2009.

[65]陈兴良.共同犯罪论[M].北京:中国社会科学出版社,1992.

[66]大谷实.刑法讲义总论[M].黎宏,译.北京:中国人民大学出版社,2008.

[67]大塚仁.刑法概说[M].冯军,译.北京:中国人民大学出版社,2003.

[68]大塚仁.犯罪论的基本问题[M].冯军,译.北京:中国政法大学出版社,1993.

[69]泷川幸辰.犯罪论序说[M].王泰,译.北京:法律出版社,2006.

[70]山口厚.刑法总论[M].付立庆,译.北京:中国人民大学出版社,2011.

[71]西田典之.日本刑法总论[M].刘明祥,王昭武,译.北京:中国人民大学出版社,2007.

[72]野村稔.刑法总论[M].全理其,何力,译.北京:法律出版社,2001.

[73]高桥则夫.规范论和刑法解释论[M].戴波,李世阳,译.北京:中国人民公安大学出版社,2004.

[74]西原春夫.刑法的根基与哲学[M].顾肖荣.等译.北京:法律出版社,2004.

[75]杜里奥·帕多瓦尼.意大利刑法原理[M].陈忠林译.北京:法律出版社,1998.

[76]李在祥,韩国刑法总论[M].韩相敦译.北京:中国人民大学出版社,2005.

[77]道格拉斯·N·胡萨克.刑法哲学[M].谢望原,等译.北京:中国人民公安大学出版社,2004.

[78]福田平,大塚仁.日本刑法总论讲义[M].李乔,等译.北京:辽宁人民出版社,1986.

[79]佛兰茨·冯·李斯特.德国刑法教科书[M].徐久生译.北京:法律出版社,2006.

[80]克劳斯·罗克辛.德国刑法学 总论[M].王世洲译.北京:法律出版社,2013.

[81]约翰内斯·韦塞尔斯.德国刑法总论[M].李昌珂译.北京:法律出版社,2008.

[82]冈特·施特拉腾韦特,洛塔尔·库伦.刑法总论Ⅰ犯罪论[M].杨萌译.北京:法律出版社,2004.

[83]汉斯·海因里希·耶赛克,托马斯·魏根特.德国刑法教科书 总论[M].徐久生译.北京:中国法制出版社,2001.

[84]山口厚.刑法各论[M].王昭武译.2版.北京:中国人民大学出版

社,2011.

[85]克劳斯·罗克辛.刑事政策与刑法体系[M].蔡桂生译.2版.北京:中国人民大学出版社,2011.

[86]黑格尔.小逻辑[M].贺麟译.北京:商务印书馆,1980.

[87]乔治·弗莱彻反思刑法[M].邓子滨译.北京:华夏出版社,2008.

[88]齐佩利乌斯.法学方法论[M].金振豹译.北京:法律出版社,2009.

[89]罗伯特.萨默斯.大师学述:富勒[M].马驰译.北京:法律出版社,2010.

二、期刊论文

[1]陈兴良.论犯罪的对合关系[J].法制与社会发展.2001(4):55-60.

[2]陈洪兵.必要共犯若干问题检讨:以共犯的处罚根据为视角[J].中国矿业大学学报(社会科学版).2007(4):59-63.

[3]冯全.买卖型对向犯论要[J].赤峰学院学报(哲学社会科学版).2008(4):110-114.

[4]李涛.必要共犯概念之探讨[J].法制与社会发展.2002(6):153-156.

[5]李宇先.论必要的共同犯罪[J].中外法学.2004(4):495-504.

[6]林亚刚.主犯若干问题的探讨[J].法制与社会发展.2003(5):122-127.

[7]刘明祥.我国刑法没有规定必要共犯[J].法学杂志.1990(3):22.

[8]卢程.对向犯理论的适用:向制假者购买居民身份证的行为不应定罪[J].法制与社会.2010(5):56-58.

[9]倪业群.论对向犯的定罪处刑[J].河北法学.2007(6):112-115.

[10]钱叶六.对向犯若干问题研究[J].法商研究.2011(6):124-131.

[11]夏勇,王晓辉.贿赂犯罪的对向关系与刑罚处罚[J].人民检察.2013(5):17-21.

[12]杨新培.试论对合犯[J].法律科学.1992(1):48-50.

[13]张小虎.论必要共犯适用总则共犯处罚原则的规则[J].当代法学.2012(5):57-65.

[14]张忠国.试论德日刑法中的必要共犯[J].云南大学学报(法学版).2007(2):132-136.

[15]洪福增.论必要共犯[J].刑事法杂志.2002,29(2):35-36.

[16]侯斌.论对向犯[J].西南民族大学学报(人文社科版).2005(6):202-204.

[17]柯耀程.刑法实例解析:行为事实之分析[J].辅仁法学.2004(28):255-259.

[18]杜文俊.论片面对向犯的出罪路径:以法益侵害为视角[J].政治与法律.

2009(12):80-89.

[19]谢彤.对合犯若干问题探讨[J].国家检察官学院学报.2001(4):3-8.

[20]汪蕾.对向犯与对向性行为研究[J].华北电力大学学报.2006(1):74-76.

[21]冯江菊.论刑法中的对合犯罪[J].韶关学院学报.2006(4):9-13.

[22]杨剑波.对向犯初论:以相关刑事司法解释为切入点[J].甘肃政法学院学报.2007(92):154-158.

[23]肖扬宇.对合犯之本土化新探[J].广西大学学报.2009(2):71-74.

[24]周光权,叶建勋.论对向犯的处罚范围:以构成要件观念为中心[J].中国刑事法杂志.2009(10):25-29.

[25]周铭川.对向犯基本问题研究[J].北京理工大学学报(社会科学版).2012(2):120-125.

[26]倪业群.论对向犯的定罪处刑[J].河北法学.2007(6):112-115.

[27]袁彬.论对合犯的共犯问题[J].山东警察学院学报.200(2):19-23.

[28]刘士心.论刑法中的复合危害行为[J].中国刑事法杂志.2004(4):18-29.

[29]田坤.论片面的对向犯[J].兰州学刊.2009(7):134-136.

[30]陈晓赟.论对向犯中的胁迫情形:教唆犯的成立及罪数视角[J].法制与经济.2010(8):59-60.

[31]包国为.对向犯之探究[J].科学·经济·社会.2012(4):130-134.

[32]甘添贵.必要共犯与总则共犯规定之适用[J].月旦法学.1996(10):16-18.

[33]张文,杜宇.刑法视域中类型化方法的初步考察[J].中外法学.2002(4):22-29.

[34]张明楷.受贿罪的共犯[J].法学研究.2002(1):34-51.

[35]朱铁军.介绍贿赂罪与行贿、受贿共犯界限之分析:由浙江腐败"名托"被判刑所引发的思考[J].中国刑事法杂志.2003(1):41-44.

[36]王作富,韩耀元.论贿赂犯罪的刑法完善[J].检察理论研究.1997(1):24-34.

[37]刘士心.论刑法中的对合行为[J].国家检察官学院学报.2004(6):29-35.

[38]王礼仁.我国贿赂犯罪的立法现状与完善[J].法学评论.1997(1):43-49.

[39]赵志华.立功制度的法律适用[J].国家检察官学院学报.2003(4):5-10.

[40]高铭暄,彭凤莲.论立功的成立条件[J].北京师范大学学报(社会科学版).2006(5):123-129.

[41]谢望原,吴光侠.派生犯研究[J].中国刑事法.2003(3):19-25.

[42]付治国.论刑法中的连累犯[J].广西政法管理干部学院学报.2003(4):80-82.

[43]罗平.论犯罪的牵连行为[J].法学与实践.1985(6):22-26.

[44]吴光侠.论连累犯[J].政法论丛.2003(2):34-37.

[45]王子晏.连累犯基本问题探析[J].海南大学学报(人文社会科学版).2011(3):44-49.

[46]石晓慧,王寒娜.连累犯问题之我见[J].郑州经济管理干部学院学报.2007(3):60-62.

[47]杨志国,方毓敏.徇私舞弊不征、少征税款罪与偷税罪关系辩证:兼论税务机关工作人员与偷税人相互勾结偷逃税款案件的定性[J].政治与法律.2008(4):54-58.

[48]陈兴良.转型与变革:刑法学的一种知识论考察[J].华东政法学院学报.2006(5):3-19.

[49]陈兴良.刑法教义学方法论[J].法学研究.2005(3):38-56.

[50]魏东.金融犯罪案:对向犯与目的犯的法理诠释[J].刑法解释.2023(5):26-31.

[51]张明楷.对向犯中必要参与行为的处罚范围[J].比较法研究.2019(9):1-19.

[52]易璟蕴.片面对向犯可罚性的司法适用[J].法制博览.2018(2):215.

[53]陈洪兵.片面对向犯的中国问题:实质说之提倡[J].法学家.2021(11):149-160.

[54]林书楷.论犯罪之典型共同加工:必要共犯理论之研究[D].(新北)辅仁大学博士论文,2005.

[55]王光明.共同实行犯研究[D].吉林大学博士论文,2009.

[56]蒋薇君.论对向犯[D].(台北)中正大学法律学研究所硕士论文,2006.

[57]张磊.对合犯论要[D].吉林大学硕士论文,2004.

[58]刘光彦.对向犯研究[D].云南大学硕士论文,2010.

[59]席梦.对行犯论纲》[D].郑州大学硕士论文,2010.

[60]周治成.对向犯研究[D].中国青年政治学院硕士论文,2010.

[61]汤道刚.第三类对向犯思[D].中国政法大学硕士论文,2006.

[62]张华强.对合犯问题研究[D].苏州大学硕士论文,2009.

[63]李行君.对向犯问题研究[D].南昌大学硕士论文,2008.

[64]段安娜.论片面对合犯[D].湘潭大学硕士论文,2011.

[65]马志永.论对合犯与我国共犯理论的关系[D].吉林大学硕士论文,2008.

[66]丁琪.对合犯问题研究[D].华东政法大学硕士论文,2011.

[67]程岩.必要共犯若干问题研究[D].郑州大学硕士论文,2006.

[68]马国旭.对合犯问题研究[D].辽宁大学硕士论文,2011.

[69]聂辉.论对向犯的处罚范围[D].西南财经大学硕士论文,2023.

[70]宋爽.论片面的对向犯[D].山东大学硕士论文,2021.

[71]路瑶.我国刑法中的对向犯问题研究[D].河北大学硕士论文,2021.

[72]马笑悦.对向犯若干问题研究[D].郑州大学硕士论文,2021.

[73]李明鲁.论对向犯中的共犯认定与处罚[D].中国政法大学硕士论文,2019.